Herausgegeben vom
Frauen- und Familienreferat
der Landsmannschaft der
Siebenbürger Sachsen
in Deutschland e. V.

Für großzügige Förderung
danken wir dem

Bundesministerium des Innern
und der
Siebenbürgisch-Sächsischen
Stiftung München
sowie
zahlreichen sachkundigen
Helferinnen und Helfern

Ortrun Scola und Rotraut Acker-Sutter

Dorfleben der Siebenbürger Sachsen

Tradition und Brauchtum

Mit einer Einführung von Ernst Wagner

Callwey

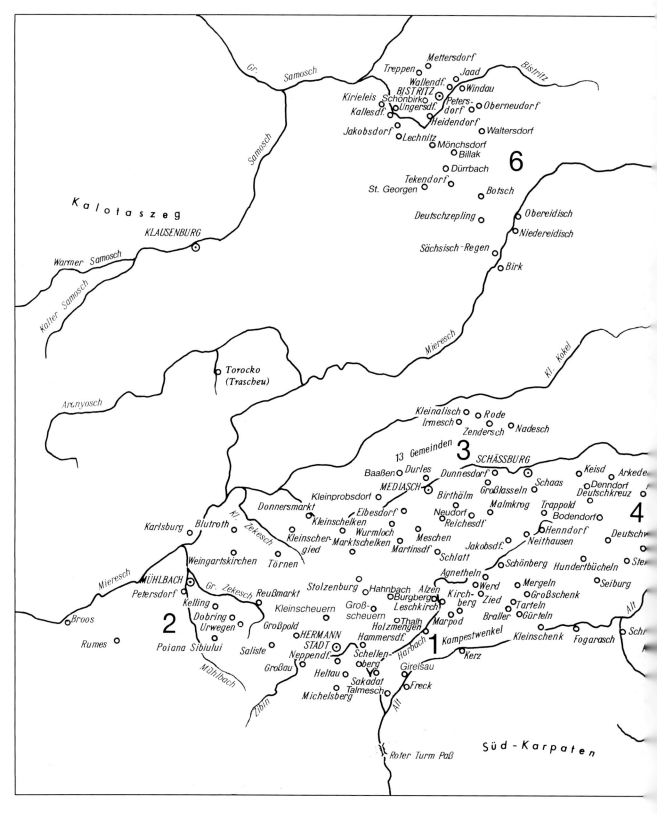

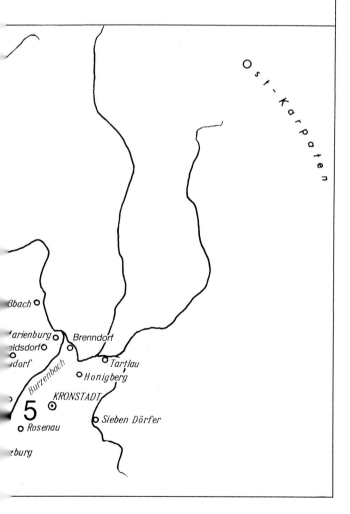

Die Siedlungsgebiete der Siebenbürger Sachsen

1 Hermannstädter Gegend
2 Unterwald
3 Kokelgebiet
4 Repser Gegend
5 Burzenland
6 Nösnerland

INHALT

Vorwort	7
Einführung	8
Hof- und Feldarbeit	31
Der Bauernhof	31
Wohnkultur	33
Feldarbeit	37
Arbeiten der Bäuerin	42
Weinbau und Weinlese	45
Marktleben	47
Dorfgemeinschaft	113
Nachbarschaft	113
Bruder- und Schwesterschaft	114
Vereine	115
Kirche und Schule	115
Feste und Feiern	143
Brauchtum im Jahreslauf	
Neujahr und Fasching	143
Ostern	147
Pfingsten und Kronenfest	148
Herbst	150
Weihnachtsfestkreis	151
Brauchtum im Lebenslauf	
Geburt und Taufe	153
Konfirmation	154
Verlobung und Hochzeit	157
Tod und Begräbnis	159
Anhang	
Ortsnamenverzeichnis	209
Auswahlliteratur	211
Bildnachweis	212
Sach- und Ortsregister	213

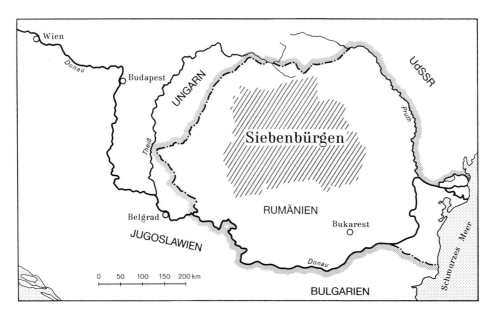

Zu Seite 4/5:
Die Siedlungsgebiete der Siebenbürger Sachsen. Nach: Luise Treiber-Netoliczka, Die Trachtenlandschaften der Siebenbürger Sachsen. Elwert Verlag, Marburg 1968.

◁ Siebenbürgen im heutigen Rumänien.
Aus: Oskar Schuster (Hrsg.), Epoche der Entscheidungen. Die Siebenbürger Sachsen im 20. Jahrhundert. Böhlau Verlag, Köln-Wien 1984.
Karten: Mario Hruska

Zu den Abbildungen
Überzug: Aus der Cosmographia von Sebastian Münster (Basel 1544)
Schutzumschlag: Abbildung 87
Seite 2/3: Abbildung 154

CIP-Kurztitelaufnahme der Deutschen Bibliothek

Dorfleben der Siebenbürger Sachsen: Tradition und Brauchtum / Ortrun Scola; Rotraut Acker-Sutter. Mit einer Einf. von Ernst Wagner. –
München: Callwey, 1991
ISBN 3-7667-1004-4
NE: Scola, Ortrun; Acker-Sutter, Rotraut

© 1991 by Verlag Georg D. W. Callwey GmbH & Co., München
Alle Rechte vorbehalten, auch die des auszugsweisen Abdruckes, der fotomechanischen Wiedergabe und der Übersetzung

Schutzumschlaggestaltung   Baur + Belli Design, München, unter Verwendung der Abbildung 87
Lithos   Fotolito Longo, Frangart/Bozen
Satz   Filmsatz Schröter GmbH, München
Druck   Kastner & Callwey, München
Bindung   Ludwig Auer, Donauwörth
Printed in Germany 1991
ISBN 3 7667 1004 4

VORWORT

Die Siebenbürger Sachsen sind, wie der dem deutschen Kulturkreis eng verbundene englische Schriftsteller Charles Boner schrieb, »ein Stück lebender Geschichte«. Er verglich sie mit einem »verlegten Blatt aus einer alten Chronik, das dem Geist das Bild vergangener Jahrhunderte zurückruft«. Man findet noch »heutigen Tages« – so urteilte er 1865 – unter diesen Einwanderern Gewohnheiten, die sie vor Jahrhunderten auf ihren langen Wanderungen mit sich gebracht haben, »die aber indessen im Heimatlande selbst schon längst erloschen sind«.

850 Jahre sind vergangen, seitdem der ungarische König Géza (Geisa) II. deutsche Siedler aus dem Westen des Reiches in das Hochland im Karpatenbogen gerufen hatte, das dadurch zur Wiege des Stammes der »Siebenbürger Sachsen« wurde. Sie brachten es durch Fleiß und Sparsamkeit zu einem »allgemein verbreiteten Wohlstand«, so daß sie im Selbstverständnis ihres Schicksals in ihrer Volkshymne von Siebenbürgen als einem »Land des Segens, der Fülle und der Kraft« sprechen konnten. Diese Charakterisierung, die noch bis zum Zweiten Weltkrieg Wirklichkeitsnähe besaß, spiegelte das Empfinden einer Gemeinschaft wider, die überzeugt war, sich auch in Zukunft in ihrer Wesenseinheit behaupten zu können.

Voraussetzung dafür war der bis dahin stets offene Weg für den geistigen und kulturellen Austausch mit dem geschlossenen deutschen Siedlungsraum. Strömungen des Zeitgeistes, aber auch so tiefgreifende Entwicklungen wie die Reformation Martin Luthers und die Errungenschaften moderner Technik wurden von den Deutschen in der rund 1000 Kilometer südöstlich von Wien gelegenen Exklave als Signal des Fortschritts begierig aufgegriffen. Ein vom Zwang zu gemeinschaftlichem Handeln geprägtes Brauchtum und die überkommenen Ordnungsvorstellungen, die Freiheit und Gleichheit in Rechten und Pflichten postulierten, blieben bis in die letzte, leidvolle Periode sächsicher Existenz in Siebenbürgen bestimmend.

Es ist wohl verständlich, daß sich frühere Besucher Siebenbürgens von der einmaligen Kulturlandschaft mit mehr als 200 Kirchenburgen und den an mittelalterliche Traditionen gemahnenden sächsischen Volkstrachten gefangennehmen ließen, und daß in der Folge diese Glanzstücke – fast ausschließlich – in Büchern und Bildbänden dargestellt wurden. Mit »Die Festtracht der Siebenbürger Sachsen« von Ortrun Scola und den Mitautorinnen Gerda Bretz-Schwarzenbacher und Annemarie Schiel hat der Callwey-Verlag bereits 1987 ein Standardwerk veröffentlicht, das nicht zuletzt durch seinen umfangreichen Bildteil Zeugnis für die einst »heile Welt« in Siebenbürgen ablegte.

Der nun vorliegende Band über das »Dorfleben der Siebenbürger Sachsen« ist von Ortrun Scola und Rotraut Acker-Sutter als die notwendige Ergänzung gedacht. In diesem Fall folgt der »Werktag« dem »Feiertag«, obgleich auch die traditionellen Feste als Beispiele für das bäuerliche Brauchtum aufgeführt werden. Die Arbeitskultur der Hof- und Feldarbeit, die in Siebenbürgen auch für andere Volksgruppen beispielgebend war, und vor allem die Struktur der Ordnung in der Dorfgemeinschaft mit ihren vorbildlichen sozialen Diensten sind Schwerpunkte einer zusammenhängenden Darstellung des bäuerlichen Alltags. Damit wird in der bundesdeutschen Literatur über das Deutschtum im Südosten Europas eine empfindliche Lücke geschlossen.

Nach dem Exodus der Jahre 1990/91 will das »Dorfleben der Siebenbürger Sachsen« eine Welt festhalten, die bis zum Beginn der kommunistischen Herrschaft in Rumänien Bestand hatte: eine Dokumentation für die Erlebnisgenerationen und vor allem für die Jugend, die heute – überwiegend in Deutschland – danach fragt, wer die Siebenbürger Sachsen sind und was sie in ihrer 850jährigen Geschichte geleistet haben.

Dankwart Reissenberger
Bundesvorsitzender der Landsmannschaft der Siebenbürger Sachsen in Deutschland e. V.

EINFÜHRUNG

von Ernst Wagner

Siebenbürgen – heute Zentralprovinz Rumäniens – ist geographisch, klimatisch und auch kulturell ein Teil des südöstlichen Mitteleuropa. Der Gürtel der Ost- und Südkarpaten mit den höchsten Erhebungen schirmt das Land vor den rauhen Ostwinden aus der russischen Steppe ab; der Balkan beginnt erst zweihundert Kilometer weiter südlich, am Südufer der Donau! Die niedrigeren Westkarpaten bilden schon deshalb eine geringe Barriere, weil die sie begrenzenden Täler von Mieresch und Samosch nach Westen offen sind. Mit einer Ausnahme fließen die Gewässer Siebenbürgens nach Westen, und auch die des nach Süden abbiegenden Alt vereinigen sich in der Donau mit dem Naß, das seine Reise an den Osthängen des Schwarzwaldes oder nördlich der Alpen in Bayern oder Österreich begonnen hat. Daß die Karpaten etwa zur gleichen Zeit entstanden sind wie die Alpen und sie nach Osten fortsetzen, betont die Zugehörigkeit Siebenbürgens zu Südost-Mitteleuropa.

Klima und Bodennutzung

Vergleichen wir klimatische Daten siebenbürgischer und süddeutscher Städte, die etwa die gleiche mittlere Jahrestemperatur und Höhenlage haben, so stellen wir viel Gemeinsames, doch auch Unterschiede fest: Die Sommertemperaturen weichen zwar nicht sehr voneinander ab, der Winter ist aber in Siebenbürgen erheblich kälter. Es regnet dort auch seltener, besonders im Sommer, denn der Atlantik ist weit und deshalb das Klima kontinental geprägt. In Siebenbürgen variieren die Höhenlagen zwischen 160 und 2500 m. Entsprechend wandelt sich auch das Klima: Im Regenschatten der Westkarpaten, in der heute fast waldlosen Siebenbürgischen Heide und im Gebiet der beiden Kokeln regnet es am seltensten und ist am wärmsten. Im Wolkenstau der Ost- und Südkarpaten nehmen dann mit zunehmender Höhe die Niederschläge zu, das Klima wird rauher und erreicht im Hochgebirge alpinen Charakter.

Die vielfältigen Bodenschätze des Landes interessieren in diesem Bildband weniger als die Bodenarten. Diese reichen von ertragreichen Schwarzerden über sandige bis schwere Lehme und braune Waldböden bis hin zu ertragsarmen Flächen grauer bis weißer Bleicherde. Die Hanglagen sowie die schweren, tonigen Böden werden – abgesehen von weinbaumäßig genutzten Südhängen und von Obstkulturen – in den siebenbürgisch-sächsischen Dörfern traditionell forstlich oder als Dauergrünland genutzt. Vergleiche zwischen der Bodennutzung in Siebenbürgen mit der in West- und Südwestdeutschland ergeben auch in dieser Hinsicht überraschende Übereinstimmungen.

Siebenbürgische Landschaften

Abweichende natürliche und vom Menschen geschaffene Bedingungen haben im siebenbürgisch-sächsischen Siedlungsgebiet zur Ausformung besonderer Landschaften geführt. Das sind im Nordosten die durch einen Streifen rumänischer und szeklerischer Orte von Mittelsiebenbürgen getrennten 45 Dörfer des *Nösnerlandes* (um Bistritz) und des *Reener Ländchens*. Im mittleren Siebenbürgen zeigt der Gebietsname »Weinland« mit dem Zentrum Mediasch an, welcher Landbauzweig einst vorherrschte. Das rauhere Klima im früheren Schäßburger (Gerichts-)Stuhl und erst recht das des »Haferlandes« um Reps bedingten andere Erzeugungsschwerpunkte. Das Städtchen Agnetheln hat Großschenk als Zentrum des *Harbachgebietes* abgelöst. Auch die alten Marktorte Leschkirch und Reußmarkt gaben längst ihre Funktionen an Hermannstadt ab. Die Bezeichnung »Altland« für die Dörfer um Hermannstadt ist wohl nicht auf ihre Entstehungszeit, sondern auf den Altfluß zurückzuführen.

Viele Dörfer des im südwestlichen Siebenbürgen gelegenen *Unterwaldes* mit den Städtchen Broos und Mühlbach büßten schon im 15. Jahrhundert infolge der häufigen Türkeneinfälle ihre sächsischen Bewohner ein. Die Habsburger siedelten dann dort dreihundert Jahre später evangelische Südbadener an, weil sie diese im kaiserlichen Banat nicht dulden wollten, und österreichische Herrscher verpflanzten auch die

3 Birthälm ca. 1970.
Die Kirchenburg von Birthälm, einst Sitz der Sachsenbischöfe (1572–1867), erhebt sich über dem Dorf mit seinen drei abwehrenden Ringmauern, den acht schützenden Türmen aus dem 15. bis 17. Jahrhundert und seiner spätgotischen Hallenkirche. Als uneinnehmbares Bollwerk gegen eindringende Feinde wurde sie gleichsam zum geistigen Symbol der evangelischen Kirche in diesem Land und steht beispielhaft für die heute noch über 200 erhaltenen Kirchenburgen in Siebenbürgen. Um das Jahr 1600 gab es in dem südöstlichsten christlichen Vorposten des Abendlandes rund 300 Wehrkirchen oder befestigte Kirchhöfe, wie sie sich auch im gesamteuropäischen Raum – nicht aber in dieser Dichte und Vielgestaltigkeit – nachweisen lassen.

4 Kirchenburg von Schönberg 1970.
Inmitten des Dorfes steht die Kirchenburg mit ihren zwei trutzigen Türmen, die die zur Hallenkirche umgebaute romanische Basilika aus dem 13. Jahrhundert im Osten und Westen flankieren. Deutlich sind die charakteristischen Wehrgänge unter den Turmdächern zu sehen. Man kann sich gut vorstellen, wie schnell sich die Bauern mit ihrem Hab und Gut beim Läuten der Sturmglocken vor einem Überfall feindlicher Horden hinter die schützenden Mauern flüchten konnten. Für Mensch und Tier war dort gut vorgesorgt; neben wehrhaften Fruchthäusern gibt es in Schönberg beispielsweise heute noch einen Trinkwasserbrunnen im Kirchenschiff, wie auch andernorts in Siebenbürgen. ▷

Vorfahren vieler Großpolder – bei Hermannstadt desgleichen von Neppendorfern und Großauern – wegen ihrer Konfession aus dem »Landl« (Oberösterreich, Kärnten) hierher. Den Reigen der sächsischen Landschaften beschließt im Südosten, getrennt von Mittel- und Südsiebenbürgen, das *Burzenland* um Kronstadt mit seinen fortschrittlichen Landwirten.

Zur Geschichte der Siebenbürger Sachsen

Die Vorfahren der später Sachsen genannten Einwanderer rief der in den Jahren 1141–1162 regierende ungarische König Géza (Geisa) II. vor bald 850 Jahren als »Entwicklungshelfer« nach Siebenbürgen. Über ihre Ansiedlung sind keinerlei Dokumente erhalten geblieben. Deshalb haben die Historiker unterschiedliche Thesen über Herkunft, Wanderweg und Ansiedlung der Einwanderer entwickelt. Heute gilt als sehr wahrscheinlich, daß die Werber des ungarischen Königs während der deutschen Ostkolonisation im Bereich des Erzbistums Magdeburg erfolgreich waren. Die Ansiedler zogen wohl über Schlesien, den Jablunkapaß, die Zips und die obere Theiß an ihre Zielorte. Die Siebenbürger Sachsen sind demnach wie die Mecklenburger oder Schlesier ein deutscher Neustamm. Diejenigen, die ihrer Mundart die Grundprägung gaben, stammten aus dem Gebiet von Rhein und Mosel, zwischen Luxemburg und Westerwald, Mainz und Köln. Darauf weist nicht zuletzt die Tatsache hin, daß sich unter ihnen auch Flamen und Wallonen befanden.

Die Ansiedler enttäuschten ihre neuen Landesherren nicht: Bereits im Jahre 1186 wird in einem Brief des ungarischen Hofes an den von Frankreich erwähnt, daß die »Gastsiedler des Königs jenseits der Wälder« eine beachtliche Steuerleistung erbrächten. Deshalb erweiterte und bestätigte König Andreas II. im Jahre 1224 den Ansiedlern der Hermannstädter Provinz im »Goldenen Freibrief« der Siebenbürger Sachsen (deren Grundgesetz er bis 1867 blieb) ihre Rechte und Pflichten. Darin bestimmte er unter anderem, daß sie keinem adligen Grundherren, sondern allein dem König unterständen, daß außer dem König nur noch der von ihm eingesetzte Sachsengraf über sie nach ihrem Gewohnheitsrecht Recht sprechen dürfe, daß sie ihre Richter und Pfarrer selbst wählen könnten, ihre Kaufleute im gesamten ungarischen Reich von Zöllen und Abgaben befreit seien u. a. m. Dafür hatten sie außer Steuern unter bestimmten Bedingungen auch Kriegsdienste zu leisten. Der schon 1211 in das Burzenland gerufene Deutsche Orden, auf dessen Wirken die Gründung von Kronstadt und weiteren Siedlungen, darunter auch die Ur-Marienburg, zurückgeht, wurde bereits 1225 durch den König wieder des Landes verwiesen.

Der Freibrief wurde später auf alle Gebiete des »Königsbodens« ausgeweitet, nämlich die zwei (Gerichts)Stühle Mediasch und Schelk, den Bistritzer (auch Nösnerland), den Kronstädter (Burzenland) und zeitweise auch den Winzer Distrikt. Außerdem billigte ihnen König Matthias Corvinus 1477 zu, ihren obersten Repräsentanten, den Sachsengrafen, und auch die Königsrichter selbst zu wählen. Neun Jahre später erkannte er ihre Selbstverwaltungsorganisation, die »Nationsuniversität« (Universitas Nationis Saxonicae in Transsilvania), an. Etwa jeder vierte Siebenbürger Sachse lebte allerdings außerhalb des königsunmittelbaren Gebietes auf sogenanntem Adels- oder Komitatsboden und war Höriger, seltener auch Leibeigener eines adligen Grundherren. Nachdem Kaiser Josef II. 1781 die Leibeigenschaft, nicht aber die Grundhörigkeit, abgeschafft hatte, folgte die Bauernbefreiung des Jahres 1848.

Im Jahre 1395 waren erstmals die Türken ins Land eingefallen und stellten dreihundert Jahre hindurch, vor allem durch Übergriffe kleinerer Einheiten, eine ständige Bedrohung dar. Die sächsischen Dorfgemeinschaften schützten sich dagegen, indem sie den Mauerring um ihre Kirchen verstärkten und in vielen Fällen auch die Kirchen befestigten. Bis heute sind rund zweihundert Kirchenburgen ganz oder teilweise erhalten geblieben. Außerdem gibt es noch drei erhaltene Bauern(flieh)burgen, die über Rosenau, Reps und Keisd thronen.

Nach der Zerschlagung des mittelalterlichen Königreichs Ungarn durch die Osmanen (1526) entstand ein unter türkischer Oberhoheit stehendes Fürstentum Siebenbürgen, in dem die drei »ständischen Nationen« (Landstände) des Adels, der als adlig geltenden Szekler (ein Madjarisch sprechender Volksstamm) und der Sachsen eine starke Stellung hatten: sie bildeten den Landtag, wählten den Fürsten, stellten den fürstlichen Rat, beschlossen die gemeinsamen Gesetze, verhandelten mit den türkischen Oberherren – und auch mit den ebenfalls die Oberhoheit beanspruchenden Habsburgern, die den ungarischen Königstitel führten.

Im Landtag bildeten die Sachsen das bürgerlich-freibäuerliche Element und auf ihrem Gebiet, dem

»Königsboden«, besaßen sie bis 1867 autonome Rechte. So wie die Handwerksgesellen nach Österreich und Deutschland wanderten, besuchten die siebenbürgischen Studierenden seit je Universitäten des »Mutterlandes«. Dadurch nahm man im fernen Siebenbürgen an allen geistigen Strömungen, aber auch am technischen Fortschritt Zentraleuropas teil.

Die Siebenbürger Sachsen waren im Zuge der Reformation geschlossen lutherisch geworden. Da die übrigen Nationen Siebenbürgens anderen Glaubensbekenntnissen angehörten, deckten sich nationale Zugehörigkeit, Muttersprache und Konfession weitgehend. Nach Aufhebung der siebenbürgischen Teilautonomie durch den ungarischen Reichstag (1868/1876) ging die Vertretung dieser kleinen Gruppe zu einem großen Teil auf die evangelische Kirche über. Diese blieb bis 1948 Trägerin eines unter hohen finanziellen Opfern aufrechterhaltenen mehrstufigen Schulwesens mit deutscher Unterrichtssprache. Nach der Auflösung Österreich-Ungarns am Ende des Ersten Weltkrieges sicherte die rumänische Nationalversammlung am 1. Dezember 1918 in den sogenannten Karlsburger Beschlüssen unter anderem »die volle nationale Freiheit für alle mitwohnenden Völker« zu. Aufgrund weiterer Zusagen erklärte dann der sächsische Zentralausschuß vom 8. Januar 1918 ebenfalls den Anschluß an Rumänien.

Am 30. August 1940 wurde Siebenbürgen erstmals in seiner Geschichte geteilt: Die Nordhälfte einschließlich des »Szeklerzipfels« mit Nösnerland und Reener Ländchen fiel an Ungarn, Mittel- und Südsiebenbürgen blieben rumänisch. Aufgrund zwischenstaatlicher Verträge wurden auch Siebenbürger Sachsen trotz rumänischer oder ungarischer Staatszugehörigkeit 1942–44 Angehörige der Deutschen Wehrmacht. Das bis dahin mit Hitlerdeutschland verbündete Rumänien trat am 23. August 1944 aus der Allianz aus und erklärte dem Deutschen Reich den Krieg. Es gelang dann, die Nordsiebenbürger mit Trecks geschlossen zu evakuieren.

Den in Rumänien verbliebenen Deutschen wurden zunächst nur Sonderausweise ausgestellt, ein immer größerer Kreis wurde interniert. Mitte Januar 1945 kam es zur Deportation der 17- bis 45jährigen Männer und 18- bis 35jährigen Frauen zur Zwangsarbeit in die Sowjetunion. Den Rumäniendeutschen wurden alle politischen Rechte genommen; erst 1950 erhielten sie das Wahlrecht zurück. Durch das (zweite) Agrarreformgesetz vom 23. März 1945 verloren alle Personen deutscher Nationalität mit wenigen Ausnahmen entschädigungslos ihren gesamten landwirtschaftlichen Grundbesitz mit Hofstelle, Vorräten, lebendem und totem Inventar. Die Höfe bezogen Kolonisten, von deren Gutmütigkeit es abhing, ob die deutsche Bauernfamilie eine Kammer behalten durfte. Nach Ausrufung der Volksrepublik zum Jahresende 1947 folgte eine Serie von Verstaatlichungsgesetzen, die erhebliche Vermögens- und Existenzverluste nach sich zogen. Im Sommer 1948 wurden auch die konfessionellen Schulen verstaatlicht und alle Vereine aufgelöst.

Als internationale Stellen vor vierzig Jahren die Zusammenführung der seit 1944 oder seit der Deportation in die Sowjetunion auseinandergerissenen Familien durchsetzten, stieg zunächst allmählich, seit 1977 stark zunehmend und ab 1990 lawinenartig, die Zahl der Aussiedler in die Bundesrepublik Deutschland. Zu Beginn des Zweiten Weltkrieges lebten 250000 Deutsche in Siebenbürgen; im Jahre 1991 werden es weniger als 50000 sein. Auf diese vielschichtige Entwicklung kann hier nicht eingegangen werden.

Schon vor der Jahrhundertwende setzte eine Auswanderungswelle in die Vereinigten Staaten von Amerika ein, die auch nach dem Ersten Weltkrieg anhielt. Die Ursachen waren wirtschaftlicher Natur. Nach dem Zweiten Weltkrieg verblieb ein Teil der mit den Trecks geflüchteten Nordsiebenbürger in Österreich, ein weiterer Teil ließ sich vor allem in Nordrhein-Westfalen nieder, andere wieder zog es nach Amerika und Kanada.

Die Nationalitäten Siebenbürgens

Spätestens seit den Kriegen, Seuchenzügen und Hungersnöten des 17. Jahrhunderts, deren Auswirkungen die des Dreißigjährigen Krieges in Deutschland übertrafen, bilden in Siebenbürgen die Rumänen die Mehrheit der Bevölkerung. Infolge forcierter Zuwanderungen aus der Moldau und der Kleinen Walachei wie auch höherer Geburtenraten stieg ihr Anteil in den Jahren 1930–1977 von 58 auf 70%; die Einwohnerzahl erhöhte sich im gleichen Zeitraum von 2,9 auf 4,1 Millionen. Der Prozentsatz der Ungarn ging leicht zurück, hielt sich aber 1977 (zum Zeitpunkt der letzten Volkszählung) bei einem Viertel der Gesamtbevölkerung. Als dritte größere ethnische Gruppe machten die Deutschen im 19. Jahrhundert mehr als 10% aus. 1930 lag ihr Anteil bei 8% und halbierte sich bis 1977. Mit deutlichem Abstand folgten Zigeuner und Juden, deren Anteil 1930 bei etwas mehr als zwei Prozent lag. Bereits 1930 stellten Ruthenen (Ukrainer), Slowaken, Tschechen, Polen, Kroaten, Armenier, Griechen, Bulgaren und Angehörige anderer Nationalitäten aus der bunten ethnischen Palette der österreichisch-ungarischen Monarchie einen Anteil von weniger als ein Prozent.

Wirtschaftliche Verhältnisse

Die Sachsen von Hermannstadt, Kronstadt und Bistritz wie auch von Klausenburg, Mediasch, Schäßburg und Mühlbach waren nicht nur als Fernkaufleute tätig, sondern versorgten über ihre nähere Umgebung hinaus die Fürstentümer Moldau und Walachei mit Waren des gehobenen Bedarfs und mit Dienstleistungen. Die genannten Städte wurden im 19. Jahrhundert auch Zentren der beginnenden Industrialisierung.

Die westlichen »Entwicklungshelfer« hatten vor 850 Jahren eine neue Technik der Landnutzung eingeführt: die Dreifelderwirtschaft. Sie erhielt ihren Namen deshalb, weil das Ackerland (abgesehen von den Hofstellen und den Flächen für Sonderkulturen, wie z. B. den »Krautgärten« oder den »Hanf- bzw. Erbsenteilen«) in drei große Bereiche eingeteilt war: das Winter-, Sommer- und das Brachfeld. Um Ertragsrisiken zu mindern, wurden die Felder in mehrere Gewanne (»Furchlinge«) unterschiedlicher Bodengüte oder Hanglage eingeteilt, in denen jeder Hof ein Ackerstück erhielt. Nahm die Höfezahl stark zu, wurden neue Gewanne unter den Pflug genommen und das Ackerland neu verlost, solange ackerfähige Gemarkungsteile vorhanden waren. Auch wenn die Zahl der Höfe wegen häufiger Kriege und Seuchen stark zurückging, waren Neuverlosungen üblich. Die Gewannverfassung hatte eine gewisse Flurzersplitterung zur Folge, denn jeder Hof besaß mehrere Grundstücke. Diese »Ackerzerbisselung« wurde durch die Erbsitte erheblich vorangetrieben. Das Eigen-Landrecht der Siebenbürger Sachsen bestimmte nämlich in seiner deutschsprachigen Erstausgabe vom Jahre 1583, daß das jüngste der Kinder das Haus, alle Kinder gemeinsam aber Grund und Boden zu gleichen Teilen erben sollten. Um die laufende Verkleinerung der Betriebe durch Kinderreichtum zu vermeiden, reagierten die sächsischen Bauern mit familienplanerischen Mitteln, die aber zu einem Rückgang ihres Bevölkerungsanteils zugunsten der kinderreichen Rumänen führten.

Das Ackerland war nicht durch Wege erschlossen. Um den Nachbarn nicht durch Fahrten über seine Saaten zu schädigen, herrschte Flurzwang: Das »Ortsamt« (Gemeinderat) bestimmte, wann Arbeiten zu leisten waren, in welchen Gewannen gearbeitet werden durfte, wann mit der Ernte und anschließend mit dem Beweiden begonnen werden sollte usw. Das führte unter anderem zu Solidarisierung und Nachbarschaftshilfe. Der Flurzwang hemmte aber auch die Initiative des einzelnen, denn keiner durfte sein Grundstück anders nutzen als die Nachbarn.

Die nicht aufgeteilten Gebiete der Gemarkung nutzten alle Dorfbewohner als »Gemeine Erde«, vergleichbar der süddeutschen Allmende, und zwar »die Armen wie auch die Reichen«: das bestimmte bereits der Goldene Freibrief vom Jahre 1224. Die Gemeinerde nahm noch im Jahre 1880 in den Dörfern auf früherem Königsboden 47%, in denen auf ehemaligem Adelsboden jedoch nur 17% der Gesamtfläche ein. Dafür gehörte dort ein Viertel dem Adel, was verdeutlicht, daß dieser Teile der Gemeinerde usurpiert hatte. Durch die (1.) Agrarreform des Jahres 1921 verloren die Orte auf früherem Königsboden mehr als die Hälfte ihres Gemeinschaftseigentums an rumänische Gemeinden. Die Folge war eine Schmälerung der Existenzbasis der Betriebe und eine Erhöhung der Belastung durch Gemeinde-, Kirchen- und Schulsteuern. Die Enteignungen von Privatpersonen blieben hingegen wegen der überwiegenden Klein- und Kleinstbetriebe auf Königsboden sehr gering.

Die einst so fortschrittliche Dreifelderwirtschaft begann in der ersten Hälfte des 19. Jahrhunderts den landwirtschaftlichen Fortschritt zu behindern. Deshalb forderte der 1845 gegründete Siebenbürgisch-Sächsische Landwirtschaftsverein die Abschaffung des Flurzwanges, die Einführung neuer Fruchtfolgen, Verstärkung des Ackerfutterbaus durch Kommassation (Flurbereinigung). Diese konnte bis zum Ersten Weltkrieg in mehr als drei Vierteln der sächsischen Gemeinden verwirklicht werden. Der Landwirtschaftsverein setzte auch den Fachunterricht in den Winterabend-Fortbildungsschulen und die Gründung von drei Ackerbauschulen 1870/71 – Bistritz, Mediasch und Marienburg – durch.

In den meisten sächsischen Dörfern gab es vor 1945 außer typischen Landhandwerkern wie Müllern,

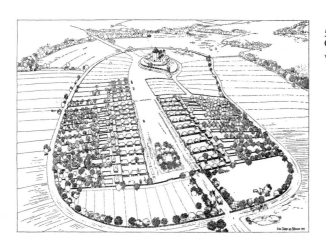

5 Die erste Anlage des Dorfes Großschenk, rekonstruiert von H. Phleps.

6 Kirschblüte in Michelsberg vor 1945.
Die »Michelsberger Burg« ist die älteste, unverändert erhaltene romanische Basilika Siebenbürgens (1223 erstmals urkundlich erwähnt). Sie besitzt einen einfachen Bering mit zinnengekrönter Mauer und ein herrliches romanisches Portal. Die Burg liegt malerisch auf einem kleinen, bewaldeten Berg vor der Kulisse der verschneiten Südkarpaten. Heute ist sie eine schlichte Gedenkstätte für gefallene Michelsberger der beiden Weltkriege. Der Sage nach mußte früher in Kriegszeiten jeder Bursche vor seiner Hochzeit eine große Steinkugel zur Verteidigung seines Dorfes den Burgberg hinaufrollen. Noch heute sind solche Kugeln im Burghof zu sehen. Bis in die siebziger Jahre war Michelsberg ausschließlich von Deutschen besiedelt.

Schmieden und Wagnern selten andere Gewerbetreibende, weil die Städte früher eifersüchtig darüber wachten, daß den Zünften keine Konkurrenz durch »Störer« entstehen konnte. Eine Ausnahme machten Marktgemeinden, die zu Kleinstädten wurden wie Heltau (Webereien) und Agnetheln (Gerbereien und Schuhmanufakturen). Insgesamt behielt das Dorfleben seinen vorindustriellen Charakter.

Die Dorfanlagen

Siedlungsform und Flurverfassung bedingen sich gegenseitig. Die Dreifelderwirtschaft mit ihren Gewannfluren und großen Gemarkungen setzte Dörfer voraus. Deshalb und wegen der langjährigen Türkengefahr, gegen die man sich durch Kirchenburgen schützte, kommen bei den Siebenbürger Sachsen Weilersiedlungen nicht vor, und bilden Einzelhöfe die Ausnahme. Typisch für sie ist das Angerdorf, in dessen Mitte Kirche oder Kirchenburg, Schule und Gemeindehaus stehen. Seltener finden wir Straßen- und nur, wenn das Gelände es erfordert, Haufendörfer. Auch in der Umgebung sächsischer Dörfer und in Gebieten, wo die Gewannverfassung übernommen worden war, sind Anger- und Straßendörfer verbreitet.

7 Marienburg bei Kronstadt vor 1945.
Die Ur-Marienburg wurde schon vor ihrer großen Schwester an der Nogat vom Deutschen Ritterorden während seines vierzehnjährigen Aufenthaltes im Burzenland von 1211 bis 1225 erbaut. Heute nur noch Ruine, gibt sie der südöstlichsten Landschaft Siebenbürgens ihr Gepräge. Wie selbstverständlich führt der Bauer sein Gespann unter den fast achthundert Jahre alten Mauern vorbei. In der siebenbürgischen Landschaft war bis 1945 das Zusammentreffen von europäischer Geschichte und bäuerlichem Leben alltäglich.

8 Frauendorf 1960. Die mit einem einfachen, kreisförmig geschlossenen Mauerring umgebene gotische Wehrkirche mit Bergfried und Wehrgeschoß ist Mittelpunkt des Dorfes. Der wehrhafte Eindruck wird durch die Schießscharten und den umlaufenden offenen Wehrgang des Turmes noch verstärkt. Das Westportal konnte durch ein Fallgitter verschlossen werden. Eine Reihe von Vorratskammern umgibt innen den Mauergürtel, die Bauernhöfe zeigen eine geschlossene Giebelfront. Im Sommer »bewacht« tagsüber der klobige Turm das fast menschenleere Dorf, während die Bauern auf dem Felde sind.

9 Das Innere der Kirchenburg von Honigberg vor 1945. Eine der besterhaltenen Kirchenburgen Siebenbürgens ist die von Honigberg aus dem 15. und 16. Jahrhundert. Ein breiter und tiefer, heute zugeschütteter Wassergraben umschloß die Burg mit ihrem doppelten Mauerring und den sechs Wehrtürmen. Im Innenhof erkennt man die planmäßig angeordneten Wohn- und Vorratskammern. Zu jeder Familie gehört ein eigener Wohnraum im Obergeschoß, zu dem je eine Holzstiege hinaufführt. Darunter befinden sich die dazugehörigen Stallungen und Bergeräume. Die heute gut renovierte Kirchenburg zeigt auch die wie Schwalbennester über dem Seitenschiff angebauten Fluchtwohnungen, wie sie in dieser Art im Burzenland sonst nicht vorkommen. Der Innenraum des Wehrturms ist mit wertvollen Fresken geschmückt. ▷

11 Speckturm in Katzendorf 1967.
In nahezu jeder Kirchenburg gab es einen Schulturm, der in Belagerungszeiten die Fortsetzung des Schulunterrichts ermöglichte. Daneben war auch ein Speckturm, wie hier in Katzendorf, vorhanden, in dem die eingesalzenen, langen Speckseiten aus allen Höfen des Dorfes im luftigen, kühlen Gemäuer zwischen Dezember und April zum zarten siebenbürgischen Speck reiften. Zum Arkedener Speckturm beispielsweise führt unter einem kleinen Ziegeldach noch heute eine alte, archaisch anmutende, aus einem einzigen Baumstamm gehackte Holzstiege. ▷

10 Fallgitter in Holzmengen vor 1945.
Die verwundbarste Stelle der alten Ringwälle waren die Tore, über denen meist ein Turm stand. In Gleitrinnen herabgelassen, konnten die Tore mit einem eisenbeschlagenen Fallgitter aus Eichenbalken verschlossen werden, dessen zugespitzte Enden mit Eisenschuhen versehen waren. Dieses Gitter gibt eine sehr anschauliche Vorstellung von früherer Verteidigungsmöglichkeit.

12 Hamlesch 1986. Der Blick von der Kirchenburg auf Hamlesch zeigt die geschlossene Dorfanlage und hier die Hauptstraße in ihrem regelmäßigen Rhythmus von Hausgiebel und Hoftor. Der fränkische Hoftyp ist in seiner überlieferten Form noch gut erhalten. Der langgestreckte einzelne Hof wird in der Tiefe von einer querstehenden Scheune ergänzt; dahinter sieht man noch Gartenanlagen mit Obstbäumen.

13 Tartlau vor 1945. Neben Honigberg steht die wiederinstandgesetzte Anlage der Kirchenburg von Tartlau stellvertretend für den Typus der siebenbürgisch-sächsischen Kirchenburgen. Der kreisrunde, zwölf Meter hohe Burgring, in vier Stockwerken übereinander gelagert, umgibt mit seinen 260 Wohn- und Vorratskammern ähnlich den Zellen einer Bienenwabe die Kirche. In zehn Metern Höhe verläuft außen der Wehrgang mit Gußlöchern und Schießnischen. Wie häufig diese Verteidigungsanlage ihre Rolle auch tatsächlich spielen mußte, zeigen die im Laufe der Jahrhunderte immer wieder hinzugekommenen Anbauten, wie der Rathaus- oder Bäckerhof. Über das Dach der Kirchenburg hinweg sieht man einen Teil der Dorfanlage mit der breiten Dorfstraße.

14 und **15** Dorfstraße in Rode (oben) mit der rumänischen Kirche und in Rosenau bei Kronstadt (unten) mit der Bauernfliehburg, vor 1945. Im Unterschied zu den Kirchenburgen wurden die deutschen Bauernburgen von Keisd, Reps und Rosenau von jeweils mehreren, benachbarten Gemeinden auf schwer zugänglicher, bewaldeter Höhe Ende des 14. Jahrhunderts gebaut und benutzt. Als man die Dorfkirchen wehrhaft auszubauen und die Kirchhöfe mit Ringmauern zu umfrieden begann, verloren die Bauernburgen ihre Bedeutung und verfielen.

16 Meschen um 1960. Dorfansicht von der Kirchenburg aus. ▷

17 Pretai vor 1945.
Dorfstraße mit Radbrunnen,
im Hintergrund die
Kirchenburg.

18 Hausfront in Mortesdorf, ca. 1960.

19 Bauernhof in Schönau vor 1945.
Die Hausfront mit »gebrochenem« Giebel, Nischen- und Fensterverzierungen, Spruchband sowie Namenszug des Besitzers und Jahreszahl zeugt von der Schmuckfreudigkeit und der Wohlhabenheit der ehemaligen Besitzer dieses Hofes. Neben dem offenen Hoftor sieht man die reiche Schnitzerei des Gassentürchens, vor dem schlichten Holzzaun die Hausbank.

20 Bauernhof in Waldhütten 1970.
Dieses nach außen hin schöne Bild eines Bauernhofes im Weinland mit den hintereinanderliegenden Wohn- und Wirtschaftsgebäuden, dem gemauerten Torbogen, der querstehenden Scheune und der zu einem eigenen Raum ausgebauten Laube täuscht über die wirtschaftliche Not der Siebenbürger Sachsen während der letzten Jahrzehnte hinweg. Der sonst für landwirtschaftliche Arbeit genutzte, weitgehend freistehende Innenhof wird hier sogar auf wenigen Quadratmetern mit Wein bepflanzt, um den Bewohnern eine karge Nebeneinnahme zu ermöglichen. ▷

21 bis **23** Hausfronten in Südsiebenbürgen. Der Giebel und die übrige »Schauseite« des Wohnhauses waren der ideale Platz für die vielfältige, in der Thematik sich stets wiederholende Auszier des Hauses. Besonders das als »redselig« bekannte 18. Jahrhundert belegte eine Vielzahl von plastischen Gestaltungsmöglichkeiten. Hier drei Beispiele von Deutsch-Weißkirch (1874) mit Weinstock und Trauben (Foto vor 1945), von Urwegen mit Weinrebe und Jäger (Foto 1975) und von Leschkirch mit dem Löwen (aufgenommen 1988).

24 Dorfimpression Leschkirch 1988. Störche sind heimisch im Karpatenland und daher ein vertrautes Bild in Siebenbürgen. ▷

25 Laube in Urwegen, Südsiebenbürgen vor 1945, mit Blick zur Gasse.

26 Bauernhof in Senndorf, Nordsiebenbürgen vor 1945. Ein stattlicher sächsischer Hof mit erhöhtem Keller und der hier gut sichtbaren, gemauerten Laube.

HOF- UND FELDARBEIT

Der Bauernhof

Der siebenbürgisch-sächsische Bauernhof hat im Laufe der Geschichte mehrere Entwicklungsstadien durchlaufen. Während die alten Dorfkerne auf eine geplante Anlage hinweisen, haben wir für die Architektur nur wenige Anhaltspunkte zur Frühzeit der deutschen Ansiedlung. In erster Linie dürften neben tradierten Bauformen die vorhandenen Baumaterialien die Bauweise nachhaltig beeinflußt haben: Nadelholz für den Blockbau und Hartholz für den Ständerbau; die ersten Siedlerhäuser wurden aus lehmbeworfenem Rutengeflecht hergestellt, hatten kleine Fenster, und ihre Walmdächer blieben lange Zeit mit Stroh oder Schindeln gedeckt.

Der Gehöfttypus bei den Siebenbürger Sachsen war im wesentlichen der aus der Urheimat mitgebrachte »fränkische«, besonders hinsichtlich der Raumaufteilung. Bei ihm ist das Wohngebäude mit der Giebelseite der Straße zugekehrt, Wagenschuppen und Stallungen schließen sich unmittelbar an, und die dreiteilige Scheune mit der Tenne in der Mitte steht in der Tiefe des Hofes quer zur Häuserflucht. In Siebenbürgen, dem Paradebeispiel eines Ausgleichsgebietes, kamen auch Beeinflussungen der autochthonen Bauweise zum Tragen, indem sich das siebenbürgisch-sächsische Haus dem großen Kulturgebiet des Südostens anpaßte. Das sächsische Wohnhaus, für das in Siebenbürgen als erstes der Ziegelbau verwendet wurde, zeigt zumeist den »gebrochenen« Giebel, der aus dem 18. Jahrhundert stammt. Das Bauernhaus bietet sich als Teil einer geschlossenen Gassenfront dar, die dem Vorübergehenden keinen Einblick in den Hof gewährt, denn zur Straße hin schließt der hohe, meist gemauerte Torbogen mit dem schweren Tor und der Gassentür den Hof zur Straße ab. Wohnhäuser und Tore sind im 17. und 18. Jahrhundert zu jener Einheit zusammengewachsen, die bis heute den Grundbaustein jeder dörflichen Häuserzeile bildet.

Dem Bedürfnis des sächsischen Bauern nach schmuckvoller Umgebung, welches im Bereich der Tracht, der Textilien und der Keramik so reiche Ornamentik hervorgebracht hat, entspricht im Hausbau die Oberflächenverzierung an Giebel und »Schauseite« des Wohnhauses, die besonders in Südsiebenbürgen reich ausgeprägt ist. Hier finden wir Maueröffnungen – Lüftungslöcher und Fenster eingeschlossen –, Nischen mit interessanten Schattenwirkungen, Profile, unterschiedlichste Putzformen, eingekratzte Ornamente, Inschriften und Sprüche, die besonders im »redseligen« 18. Jahrhundert angebracht wurden. An Ornamenten springen Lebensbaum, Weinstock, Blumen, Wirbel, Rad, Sechsstern, Schlingknoten in allen nur denkbaren Abwandlungen ins Auge. Im Zwischenkokelgebiet nannten die Ungarn das sächsische Haus sogar »Haus mit deutscher Giebelseite«.

Das sächsische Bauernhaus erlebte im 17., 18., ja noch im 19. Jahrhundert seine Blütezeit. Wenn auch die Größenordnungen sehr verschieden sind, so blieb doch die Struktur des tradierten Bauernhauses die gleiche. Auffallend auch, daß die Benennung »Haus« für den Herdraum und die Bezeichnung »Stube« für den Wohnraum konsequent beibehalten wurden.

In der Regel treten wir durch die Gassentür in den schmalen Hof. *Gassentürchen* und *Tor* sind von einem gemauerten *Torbogen* überwölbt; in ärmeren Gegenden tat es auch ein Türchen oder Tor im Bretterzaun. An der einen Längsseite befinden sich das *Wohnhaus* und die *Wirtschaftsgebäude*. Zur Haustüre führen ein paar Stufen hinauf, die von einem hallenartigen Vorbau, der *Laube* (»Līf«), überdeckt werden. Sobald die Laube als zusätzliche Kammer ausgebaut wurde, hat die Giebelseite des Hauses nicht bloß zwei, sondern drei, selten vier Fenster. Unter dem Laubenvorsprung befindet sich der Eingang zum *Keller*; drei und mehr Kellerräume mit Kreuzgewölbe sind keine Seltenheit. In ihnen wurden vornehmlich die großen Weinfässer gelagert, die in Weingegenden mehrere tausend Liter fassen konnten. Hier stand auch der eichene Bottich mit dem eingesäuerten, in ganzen Köpfen belassenen Kraut (»Kampestbit«), hier lagerten Äpfel, Birnen, Kartoffeln, Rüben und anderes Gemüse, auch das Brot wurde im Keller auf einem an der Decke hängenden Holzgestell aufbewahrt.

Die Mauern des Hauses sind meistens sehr dick, die Stufen hoch und die Türen niedrig. Ein Weinstock, der die ganze Hauswand des Innenhofes überzieht, und so manche Blumen mindern etwas den burghaften Charakter der Baulichkeiten. Die ursprüngliche Einteilung des Wohnhauses in zwei bis drei Haupträume – »Haus«, (Gute) Stube und Kammer – ist in den meisten Höfen auch heute noch zu erkennen. Durch das »Haus« mit ehemals offener, später gemauerter Feuerstelle, das meist als Allzweckraum benützt wurde, tritt man in das Gebäude. Von hier gelangt man der Straße zu in die »Stube« (»fedderscht Stuf«), die in der Regel unbewohnt blieb, besonders der Hausfrau als Schauraum diente und den Reichtum des Hauses zeigte. Gegenüber der Stube, an das »Haus« nach hinten in den Hof als dritter Raum angebaut, findet sich die kleinere »Kammer« (das »Stiffken«), die als Vorratsraum-, Schlaf- oder Wohnraum genutzt wurde. War weiterer Wohnraum vonnöten, so baute man einfach an das hintere Stübchen noch eine Kammer an.

An das Wohnhaus schloß sich die *Sommerküche*, auch *»Backes«* genannt, an, wobei erst ab ca. 1800 jeder Hof seinen eigenen Backofen besaß, denn es hatte wegen der gefürchteten Feuergefahr früher nur Gemeinschaftsbacköfen gegeben. Der dahinterliegende *Schuppen* beherbergte Feldgeräte, Wagen, Schlitten, Pferdegeschirr, Körbe, Besen. In Weingegenden stand hier die große *Kelter* mit dem schweren Querbalken, der Stolz jedes Weinbauern! Seitdem die großen Korn- und Textiltruhen nicht mehr allenorts in den Kirchenburgen der Dörfer eingelagert waren, wurden die *Fruchtkästen* für Weizen, Hafer und Gerste zunehmend im heimischen Schuppen untergebracht. Hier war meist auch eine *Werkstatt* zum Reparieren der Arbeitsgeräte vorhanden.

Dahinter lagen die *Ställe* für Schweine, Kühe, Ochsen, Büffel und Pferde und solche für das Federvieh. Ein Misthaufen, ein Aborthäuschen, eine Viehtränke und meist auch ein Rad- oder Ziehbrunnen durften im Hof nicht fehlen. Als Abschluß der Gebäude stand zuletzt quer die *Scheune*, die Heu und Frucht aufnahm. Hinter ihr war das ausgedroschene Stroh zu einem Schober oder einer Triste aufgetürmt. Anschließend an sie zogen sich die Blumen- und Kräutergärten, die Gemüse- oder Krautgärten sowie die Obstgärten meist eine sanfte Berglehne hinauf. Jeder Garten war vom Nachbargarten durch einen geflochtenen, mit Stroh und Dornen bedeckten *Rutenzaun* abgegrenzt.

Heute hat sich die Hauslandschaft vielfach geändert. Die ganz hinten im Hof querstehenden Scheunen erwiesen sich nach dem Zweiten Weltkrieg durch die wirtschaftlichen Umwälzungen als weitgehend überflüssig und wurden häufig abgerissen, das Holz wurde verheizt oder verkauft und der Boden darunter umgepflügt und mit Gemüse oder Wein bebaut. Dadurch gingen aber ein ganz charakteristisches Wesensmerkmal des siebenbürgisch-sächsischen Bauernhauses und damit das überlieferte Dorfbild verloren.

Der schmale, zumeist gepflasterte Innenhof ließ zum Nachbarn noch einige Meter freien Raum, der oft durch ein zweites, wesentlich *kleineres Haus* »für die Alten« verbaut wurde. Oft waren dort auch eine Holzlagerstelle, ein Gärtchen, ein kleiner Schopfen, ein Keller, ein weiterer Backofen oder ein *»Maiskorb«* zum Nachreifen der Maiskolben: diese früher wohl aus Ruten geflochtenen, später aus Latten gezimmerten, bis zu drei Meter hohen Behälter waren notwendig geworden, als seit dem 17. Jahrhundert der Mais (auch »türkisches Korn« oder »Kukuruz« genannt) in Siebenbürgen angebaut und zu einem der wichtigsten Lebensmittel wurde. Die auf einem massiven Holzgestell ruhenden »Körbe« waren etwa einen Meter breit und vier Meter lang. Aus den gebogenen Stützen ergaben sich manchmal Ringformen, die Anlaß zu symbolträchtigem Schmuck boten und von gediegener Zimmermannskunst kündeten. Diese dekorativen Konstruktionen waren mit einem ausladenden Holzdach versehen, das gegen Regen und Wind schützte. Die meist fensterlose *Hauswand* zum Nachbarn galt gemeinhin als Schutzwand.

Die *Hofgrundstücke* waren unterschiedlich groß: eine durchschnittliche Hofstatt in Reußmarkt, einem Marktort auf dem ehemaligen Königsboden, kam auf ca. 20 × 200 Meter (rund 4000 m²).

Während sich in Südsiebenbürgen der fränkische Hoftypus durchsetzte, gewann in der Bistritzer Gegend ein anderer an Beliebtheit. Bei ihm befanden sich Wohnhaus und alle Nebengebäude *unter einem Dach*, so daß der Dachfirst, der längs der Straße lief, die stattliche Länge von 40 Metern und mehr erreichen konnte. Der Eingang ist hier von der Straße aus.

Wohnkultur

Das bäuerliche Wohnhaus war im Alltag sowie zu Fest- und Feiertagen der Mittelpunkt im Familienleben der Siebenbürger Sachsen. Das Leben – bis 1945 lebten und wirtschafteten in der Regel drei, zuweilen auch vier Generationen unter einem Dach – war bestimmt von den Erfordernissen der Bauernwirtschaft und fest eingebunden in das Miteinander von Nachbarschaft und Gemeinde. Hier traf man sich zu den gemeinsamen Mahlzeiten, zum Arbeiten, in den kargen Mußestunden und abends zum Schlafen. Man empfing Gäste, und die Verwandtschaft versammelte sich zu fröhlichen und traurigen Anlässen. Das enge Zusammenleben mehrerer Familienmitglieder erforderte gemeinsames Haushalten und Wohnen, besondere Rücksichtnahme jedes einzelnen war geboten. Der Mangel an Intimität und Privatheit sowie die kaum vorhandene Möglichkeit, sich irgendwohin »zurückzuziehen«, wurden im großen und ganzen erst im Zuge der Auflösung der Familienwirtschaft und des grundlegenden Wandels im Familiengefüge innerhalb der letzten Jahrzehnte bewußt erlebt. Die Einbuße der unumschränkten Autorität der älteren Generation, der sehr viel größere Freiraum des einzelnen sowie die neuen Lebensbedingungen ließen neue Bedürfnisse und nicht zuletzt ein verändertes Wohnverhalten entstehen.

Die Häuser hatten meist, besonders natürlich in Weingegenden, einen relativ hohen *Keller*, der Schutz vor Feuchtigkeit bot und auch über die Wohlhabenheit seines Besitzers Auskunft gab. Während die Häuser Nordsiebenbürgens vielfach eine von Pfeilern gestützte Galerie (Laube) entlang der Traufseite gegen den Hof zu hatten, und von dort die einzelnen Räume zu erreichen waren, fanden sich in Südsiebenbürgen mehrere Arten von *Lauben*: am häufigsten waren jene, die den Treppeneingang von hinten entlang der Hauswand hatten, die überdeckt und oft als eigene Kammer bis zur Gassenfront ausgebaut wurden. Daneben gab es noch Lauben senkrecht zur Traufseite des Hauses oder Vorlauben mit dem Eingang von der Straßenseite, was besonders ab dem 19. Jahrhundert beliebt wurde. Über ein paar Stufen gelangte man in den ersten Raum des Gebäudes, in das *»Haus«*, einen vorrangig der häuslichen Wirtschaft dienenden Raum mit nur wenigen Einrichtungsgegenständen. Wichtigstes Stück war die früher offene Feuerstelle, die etwa um die Jahrhundertwende als gemauerter Sparherd ausgestaltet wurde. Entweder war er noch mit dem Backofen verbunden, oder es wurde schon in der Sommerküche bzw. in einem Nebengebäude gebacken. Eine Wasserbank mit Wassergefäßen, ein Tisch mit Bänken oder auch Truhen als Sitzgelegenheiten, ein Geschirrkasten, gestickte Wandsprüche, mehrere Truhen für den Mehlvorrat sowie verschiedene Küchengeräte machten die Ausstattung aus. Dieses »Haus« als Herzstück des Wohnens diente besonders im Winter als Wohnstube für alle. Verfügte das Bauernhaus über einen dritten Raum, die *Kammer*, konnte auch er diese Funktion des Wohnens übernehmen, sofern nicht die alte Generation darin wohnte oder das junge Ehepaar darin schlief; die Einrichtung ähnelte in vereinfachter Form der der Stube, jedoch ohne Paradebett.

Die *Stube* war, mit wenigen Ausnahmen, der größte Raum des Hauses und erreichte mitunter über 7 Meter in der Länge, während er 5–6 Meter breit sein konnte. Er war – besonders früher, als das Wohnhaus nur aus zwei Räumen bestand – der einzige Wohnraum für eine oft über 12 Menschen zählende Familie. Die Zimmerhöhe betrug bei Stein- und Ziegelhäusern häufig über 2,50 Meter.

Die meistverbreitete Deckenkonstruktion war die mit einem Unterzug aus Eichenholz (»Rast«), der parallel zur Traufseite unterhalb der Balken lief. In diese kleinen Balken wurde gern das Baujahr, der Name des Besitzers oder des Baumeisters eingeschnitten, oft findet man auch eine eingekerbte Rosette, einen Strahlenwirbel, Blumen etc. Der sehr viel längere und breitere »Rast« bot Platz, auch ganze Sprüche anzubringen. Der »gedillte« Bretterfußboden löste den früher aus gestampfter Erde und mit Lehm gestrichenen Fußboden ab. Parkettböden und Teppiche sind typische Zutaten der neuen Zeit. Der Einfluß der Stadt machte sich auch in der Stukkatur an Zimmerdecken und reicher Schablonenmalerei an den Stubenwänden zu Ende des vorigen Jahrhunderts bemerkbar, besonders im fortschrittlichsten Gebiet Siebenbürgens, im Burzenland. Aus der Zeit vor dem Ersten Weltkrieg sind noch Wandmalereien im Jugendstil erhalten. Das traditionelle sächsische Bauernhaus war innen einfarbig getüncht (meist weiß, in Nordsiebenbürgen auch hellblau, dunkelblau oder dunkelrot), was für die bunt bemalten Möbel einen wirkungsvollen Hintergrund abgab.

Die *Raumaufteilung* der Stube selbst war nicht mittelpunktorientiert; jede der vier Stubenecken hatte – geradezu stereotyp – eine ganz bestimmte Funktion: Ofenecke, Eßecke, Bettecke und Wirtschaftsecke waren diagonal angeordnet. Freilich gehörte ein gewisser gehobener Lebensstandard dazu, die »gute Stube« unbewohnt zu lassen und nur an Festtagen zu nutzen; sie spielte eine wichtige Rolle in der Selbstdarstellung ihrer Bewohner. Dazu war mindestens eine weitere Kammer notwendig, denn alle Einrichtungsgegenstände der Stube wie Bett, Tischecke, Schüsselrahmen, Schüsselkörbe, Schubladkasten (Kommode) und Aufsatzkasten (Anrichte) blieben Schaustücke, die kaum mehrere Male im Jahr praktische Verwendung fanden. Das tägliche Essen, Schlafen und Wirtschaften spielte sich dann im wesentlichen im Küchenraum bzw. in der »hinteren Stube«, der »hängderscht Stuf« oder »Zeräckstuf« (Burgberg), ab. In unserem Jahrhundert wurde die gute Stube schrittweise wieder in einen Wohnraum umgewandelt und mit weiteren Liege- und Aufbewahrungsmöbeln ausgestattet. Am Beispiel von Stolzenburg konnte nachgewiesen werden, daß man dort wie anderswo zunehmend zwar bei der Möblierung der Wohnung städtischem Vorbild folgte, nicht aber das System der Wohnraumdifferenzierung (Trennung des Wohnraumes vom Schlafraum) übernahm.

Zu den typischen *Möbeln* gehörte bis zum Beginn des Industriezeitalters in Siebenbürgen der *Tisch*, dessen häufigster Vertreter der schwere Zargentisch, auch Rumpftisch genannt, war. An ihm sitzend, hatte das Familienoberhaupt freien Blick in die Stube und in den Hof. Die Tischplatte war in manchen Häusern zum Abnehmen vorgesehen, so daß die darunterliegende tiefe Lade zugleich als Backtrog benützt werden konnte. An den Wänden entlang liefen die *Truhenbänke* mit bzw. ohne Lehne zum Aufbewahren von Wäsche und Kleidern, zuweilen auch als Schlafstelle benutzt. Zum Sitzen dienten gewöhnlich Bänke, u. a. die Lehnbank, die stets vor das »hohe Bett« gestellt wurde, sowie *Schemel*, *Hocker* und hölzerne *Stühle*, in bessergestellten Häusern auch ein *Lehnstuhl* (»Grißvueterstal«). Ein interessantes Zwischending zwischen Sitzmöbel und Behälter war das *Brotschaff*, ein Stuhl mit aufklappbarer Lade, in der das Brot aufbewahrt wurde. Dem Hoffenster gegenüber stand das kaum jemals benützte »Hui Bed« mit seinen hochgetürmten Federbetten und reich bestickten Polsterbergen. Zur Nachtruhe wurde zumeist unter dem Bett die auf vier Rädern rollende »*zweischläfrige*« Truhe (»Scheppelbat«) herausgezogen oder man schob an das Bett eine *Bank* mit verstellbarer, umklappbarer Lehne, um die Liegefläche zu verbreitern. Häufig anzutreffen war auch das *Ausziehbett*, wobei die Bettfläche durch eine herausgezogene Lade vergrößert wurde, die vorne auf zwei Füßen stand und hinten auf dem Bettrahmen auflag. Sehr früh wurden *Schlaftruhen* (»Schloftrunn«) erwähnt, die bis in die jüngste Zeit in Benützung standen. Oft schliefen auch zwei Kinder in ihr »zia de Fessen« (Füße gegen Füße).

Neben dem Bett sprang der große, behäbige »*Lutherofen*« ins Auge, der stets an der Rückwand der Stube gegenüber der Fensterfront stand. Unter einem Lutherofen ist ein Kachelofen mit Hinterladerfeuerung aus dem Nebenraum zu verstehen, wie er sich in Siebenbürgen in den Städten durchgesetzt hatte. Diese Benennung wurde später auf den dörflichen Kachelofen im allgemeinen übertragen, auch wenn dieser die eigene Flamme behielt. Die dafür verwendeten Kacheln, zunächst unglasiert, später glasiert (grün, dann weißer Grund mit kobaltblauem Relief), drangen etwa im 17. Jahrhundert ins dörfliche Milieu. Sie sind für die sächsischen Öfen, auch für den nordsiebenbürgischen, aus mehreren Ofenkörpern bestehenden »Om«, charakteristisch. In ihrer künstlerischen Vielfalt und ihrem symbolhaften Schmuck trugen sie viel zur wohnlichen Atmosphäre des sächsischen Bauernhauses bei. Tier- und Blumenmotive belebten wie ein offenes Bilderbuch die Stube. Zu den beliebtesten Ornamenten gehörten der immer wieder auch in den Stickmustern vorkommende Lebensbaum mit Blättern und Blüten, Trauben, Herzen, daneben Brautpaare, Vögel und Hirsche. In den meisten Fällen wurde dem Kachelofen ein »*Kalefok*«, ein kleinerer Blechofen, vorgesetzt, dessen Ofenröhre in den oberen Teil des Kachelofens führte; oftmals erhielt der ganze Kachelofen diese Bezeichnung. Dort, wo die Stube unbewohnt blieb, blieb auch der Ofen winters kalt und diente allein der Repräsentation. Die sonntägliche Pelzkleidung, die in diesem Raum aufbewahrt wurde, mußte mindestens einen Tag vor dem Kirchgang aus dem kalten Raum in die beheizte Wohnstube getragen werden, damit sich die Kleidungsstücke rechtzeitig aufwärmten.

Längs des oberen Randes der Stubenwände lief der hölzerne *Schüsselrahmen*, früher bestimmt zu ausschließlich praktischen Zwecken, später jedoch reines Schmuckstück für glasierte bunte Keramikkrüge und -teller, zuweilen auch für Zinnteller. Ein sehr altes Möbelstück war auch der meist prunkvoll bemalte und geschnitzte *Schüsselkasten* oder *Schüsselkorb*, bei dem auf einen geschlossenen Kasten mit zwei

Türen und zwei Laden eine offene Stellage aufgesetzt war, in der das Geschirr verwahrt wurde. War der Aufsatz mit Glastürchen zu verschließen, so spricht man vom »gläsernen Kasten« oder der Kredenz; diese Anrichten wurden bei den Siebenbürger Sachsen sowohl im Bürgerhaus wie auch in der »guten Stube« des Bauernhauses ein überaus beliebtes Prunkstück. Zu den unentbehrlichen Ausrüstungsgegenständen jeder sächsischen Bauernstube gehörte neben der *Pendeluhr* mindestens eine *Almerei*: eine holzverschalte Wandnische mit Regalen, die von einer meist bunt und üppig bemalten Holztüre verschlossen wurde. Kleinere Gegenstände wie Medizin, wichtige Papiere, Leckerbissen, die Schnapsflasche, auch Bibel und Gesangbuch wurden hier verwahrt.

Der älteste, wichtigste und meistverbreitete Behälter des siebenbürgisch-sächsischen Bauernhauses ist die *Truhe* (»Trun«, auch »Kist« oder »Lad«), in der man sowohl Getreide als auch Gewebe oder Kleider aufbewahrte; daher gab es sie in den unterschiedlichsten Größen und Ausstattungen. Die schönste von ihnen war wohl stets die Hochzeitstruhe, die die Braut als Geschenk für ihre Aussteuer erhielt, und die ihren Platz im Prunkzimmer hatte. Viele der großen Wirtschaftstruhen hatten ihren Platz nicht im Bauernhaus, sondern in der Kirchenburg des Ortes – der großen Gefahren wie Feuer oder Plünderungen wegen. Noch in unseren Tagen stehen auf dem Dachboden der Wehrkirche von Henndorf 150 Stollentruhen aus mehreren Jahrhunderten, die zum Aufbewahren von Kleidern und Lebensmitteln dienten!

Die großen *Kleidertruhen* (auch »de groiß Trun«, »de däck Trun«, »de Kīrschentrun« – von »Kürschen«, dem reichbestickten Kirchenpelz, abgeleitet) wurden meist von Schäßburger, Mediascher und Hermannstädter Tischlern angefertigt und auf den Märkten verkauft. In ihnen wurden neben den Kleidern auch die Haustextilien wie Leintücher, Bezüge, Tischwäsche, Handtücher und noch unverarbeitetes Gewebe verwahrt. *Wiegen* waren selten anzutreffen, zumal das Kleinkind schon sehr früh zur Feldarbeit mitgenommen wurde und dort für eine Schlafstelle in Form einer oftmals kunstvoll geschnitzten, zusammenlegbaren Feldwiege vorgesorgt war. Spezielle Kinderbetten gab es nicht. Neben der *Kommode* ist auch der hohe *Kleiderschrank* (»Stohkasten«) ein ausgesprochen städtisches Möbelstück und gelangte Ende des 19. Jahrhunderts, in manchen Orten noch viel später, von der Stadt aufs Land; nur selten war er bemalt.

Kennzeichnend für die *Möbelmalerei* Siebenbürgens ist, daß zwischen städtischen und dörflichen Erzeugnissen keine strenge Trennung möglich ist – hatten doch die Städte durch Jahrhunderte weitgehend dörflichen Charakter, während eine ganze Reihe von besonders stadtnahen Dörfern oft sehr entwickelt war. Handwerker in Städten und Dörfern arbeiteten für die Landgemeinden, so daß es zwischen den beiden Lebensbereichen auch auf künstlerischem Gebiet regen Austausch gab. Bis zum Anfang des 18. Jahrhunderts war die Möbelmalerei im großen und ganzen sehr einheitlich; der Höhepunkt volkstümlicher Malerei fällt ins 19. Jahrhundert, »in eine Zeit, in der die ganze Kraft einer Bauernkultur ungehemmt durch Zunftverbote zur Entfaltung« kam (Roswith Capesius). Das Repser Gebiet gilt als die Landschaft, welche die mannigfaltigsten und interessantesten bemalten Möbel hervorgebracht hat. Vorbildhaft in Linienführung und Farbgebung waren jedoch die von den Schäßburger »Trunebutzern« hergestellten Möbel, deren routinierte Ausführung der Muster mit sicherem Strich und üppigem Rankenwerk die Herstellung in Serie verraten. Von hier aus hat sich die Möbelmalerei auf kobaltblauem Grund in ganz Siebenbürgen verbreitet. Ist in Südsiebenbürgen die Malerei mit mehreren, z. T. heute nicht mehr feststellbaren Möbelmalerzentren ausgesprochen individuell, so weist die der Bistritzer Gegend eine starke Einheitlichkeit auf, vermutlich daher rührend, daß die Stadt und ihre Tischler die meiste Ware lieferten. Die dortigen Maler bevorzugten ein dunkles Grün als Grundfarbe und kugelartig zusammengefaßte Blumensträuße. Besonders der (Jahr)Markt war Umschlagplatz für Möbelerzeugnisse von Schreinern aller drei Nationalitäten (Deutsche, Ungarn, Rumänen), die auf Bestellung für alle Bevölkerungsteile arbeiteten. Im Burzenland und im Unterwald kam es in den 20er Jahren unseres Jahrhunderts zum geglückten Versuch einer Wiederbelebung der Möbelmalerei; nicht zuletzt unterstützt durch die Zielsetzung des 1904 in Hermannstadt gegründeten »Sebastian-Hann-Vereins für heimische Kunstbestrebungen«.

Sowohl die bemalten Möbel wie der reiche *Keramikschmuck* der im wesentlichen blau-weiß oder blaugrün glasierten Krüge und Teller haben die dekorative Ausstattung der siebenbürgisch-sächsischen Bauernstube kaum länger als 300 Jahre geprägt – und doch gehören sie untrennbar zum tradierten Gut und Wesensmerkmal der Siebenbürger Sachsen. Das

Töpferhandwerk ist in seiner organisierten Form in den größeren Städten gemäß den Zunftakten bereits im 16. Jahrhundert nachweisbar, hatte seine reichste Blüte im 18. Jahrhundert und reicht mit seinen Ausläufern, den Szekler Töpfermeistern in Corund, bis in die Gegenwart. Die Hafner arbeiteten zunächst vor allem für die städtische Kundschaft, zeigten jedoch bald das Bestreben, den ganzen Markt der umliegenden Dörfer unter Kontrolle zu bekommen. Besonders waren es Kannen, Krüge, Teller und Schüsseln, die die bäuerliche Stube zierten und die Wohlhabenheit des Hauses anzeigten.

Es ist bezeichnend, daß es den Frauen überlassen war, der Wohnstube dekorativen Charakter zu verleihen. Nicht zu Unrecht wird von einer »weiblichen« Raumgestaltung gesprochen, und zwar in Siebenbürgen wie ganz allgemein in den östlichen Ländern Europas, wo der *textile Zimmerschmuck* weitaus reicher entwickelt war als in den übrigen Ländern Europas. Die verschiedensten Geräte zum Verarbeiten der Textilfaser wie Hechel, Hanfbreche, Rockenständer, Spinnrocken, Spindel, Spinnwirtel, Spul- und Spinnrad gehörten zu jedem Haushalt. Neben den kleinen Bandwebbrettchen fehlte der große Webstuhl in kaum einem sächsischen Bauernhaus. Freilich gab es in jedem Dorf Frauen, die sich auf die Arbeit am Webstuhl besonders gut verstanden; dort stand dann der »Wirkstahl« winters und sommers aufgebaut und war stets aufgespannt, während er in den meisten Häusern zur Zeit der Feldarbeit zusammengelegt wurde. Auf ihm entstanden die mannigfaltigsten Gewebe, die anfangs zur Bekleidung und später zunehmend für das Bettzeug und den Zimmerschmuck bestimmt waren.

Im wesentlichen kamen drei Verzierungstechniken für die textile Ausstattung der sächsischen Bauernstuben zur Anwendung: das Einweben, das Aufstikken und das Aufdrucken von Mustern. Das *Bettzeug* machte den größten Teil der Textilien aus. Der aus Hanf gewebte und mit Stroh oder getrockneten Maisblättern gefüllte Strohsack kam als erste Unterlage auf das Bett. An den von der Stube her sichtbaren Enden wurden mit eingewebten oder gestickten Mustern verzierte Kappen (»Stälpen«) aufgenäht. Über ein großes Leintuch legte man die hanf- oder baumwollgewirkten Federbetten, die mit gekochten Birkenblättern (in Wurmloch) und einem Mehlsud für Federn undurchlässig gemacht worden waren; auch sie waren mit Stälpen überzogen. Außerdem gab es wollene Decken, die als Zudecke dienten oder als Schmuck über das Bett gebreitet wurden. Die große Fläche der darübergeworfenen Tagesdecken eignete sich sehr gut zum Verzieren, was bis ins 18. Jahrhundert vorwiegend mit »überhobenen« Webmustern geschah, später setzten sich die gestickten Bettdecken durch. Wesentlicher Blickfang des Hohen Bettes und damit des Zimmerschmucks waren die Polster, deren Länge mit der Breite des Bettes übereinstimmte, und deren Kappen bunt gewebt oder mit naturfarbener Wolle bzw. mit rotem oder blauem Garn oder beidem reich bestickt waren. Erst im 19. Jahrhundert setzten sich allgemein Spitzeneinsätze durch.

Das meist quadratische, aus drei aneinandergenähten oder -gehäkelten Leinwandstreifen kunstvoll gearbeitete und bestickte *Tischtuch*, die an der fensterlosen Stubenwand oder über dem Himmelbett befestigten *Stangentücher*, die vor die »Häll« gehängten *Ofentücher* und die relativ jungen, mit Sprüchen ausgezierten *Wandbehänge* waren reine Ziertücher. Ende des 19. Jahrhunderts schon rückte auch anderer *Zimmerschmuck* ins Blickfeld: Lithographien mit Porträts von Herrscherhäusern, Abbildungen Luthers und Melanchthons sowie Soldaten- und Familienfotos, auch Ansichtskarten, Urlaubs- und Reiseerinnerungen schmückten nun die Wände.

Das Zusammenleben im Haus mit all seinen Einrichtungen änderte sich dem Rhythmus des bäuerlichen Jahres und seinem Tagesablauf entsprechend. In vielen Häusern wurde im Sommer an anderer Stelle geschlafen als im Winter, der der Kälte wegen zum Zusammenrücken zwang. Ab Herbst konzentrierte sich das Leben der Familie ganz auf die Wohnstube. Diente im Sommer der Herdraum bzw. die Sommerküche dem Wirtschaften, so wurden in der kalten Jahreszeit die Hausarbeit und das Kochen in den Wohnraum verlegt, um Kosten für die Feuerung und für die notwendige Beleuchtung einzusparen. Zudem wurde etwa von Anfang Februar bis Ende März der sperrige und platzraubende Webstuhl in der Stube aufgestellt; manchmal fand er auch in der anschließenden Kammer, im »Stiffken«, Platz. Zu den Mahlzeiten fanden sich nun alle Hausbewohner wieder ein, die im Sommer, außer sonntags, meist auf dem Feld zu Mittag aßen. Eine feste Tischordnung, bei der die Plätze einer Rangfolge unterlagen, war größtenteils üblich. Für Stolzenburg liegen solche ungeschriebenen Familienregeln vor, wobei der Hausherr stets den ersten Platz am Kopfende des Tisches einnahm, während seine Frau fortwährend der großen Familie aufwartete, zuweilen kaum zum

Sitzen kam und entweder neben ihrem Mann oder abseits ihre Mahlzeit einnahm.

Besuche wurden hauptsächlich im Winter gemacht, und da die gute Stube unbeheizt blieb, wurde der Gast in die Wohnstube geführt. Hier wurde gehandarbeitet, gesponnen und Trachten gestickt. Die Schulaufgaben der Kinder konnten nur unter erschwerten Bedingungen erledigt werden, da sich stets viele Menschen im Raum aufhielten oder kleinere Geschwister hier spielten und lärmten. Die Winterabende verbrachte man meist nicht im engen Familienkreis, sondern traf sich reihum bei Nachbarn zur Spinnstube oder zu Besuchen; kleinere Kinder und die Alten blieben zu Hause. Zum Schlafen fand die Familie wieder im gleichen Raum zusammen, der des Nachts mit Betten und Strohsäcken vollgestellt war. Die Ehepaare schliefen in Betten, die Kinder verteilten sich im ganzen Raum, schliefen oft zusammen und hatten oft gar keinen fixen Platz.

Im Sommer war das Zusammenleben leichter, da sich das Arbeiten häufiger im Freien abspielte. Gekocht wurde wieder in der Sommerküche, die freien Stunden am Abend verbrachte man auch draußen, zum Teil auf der Bank vor dem Haus. Wenn es warm war, schliefen nicht alle Familienmitglieder in einem Raum, sondern manche, besonders die jungen, schliefen im Heu oder auf der Veranda. Nach Schulschluß hatten die Kinder die Wohnstube für sich; die rasch erledigten Hausaufgaben, meist unter der Aufsicht der Großmutter, erlaubten eine Mithilfe der größeren Kinder bei Arbeiten in Hof und Feld.

Feldarbeit

Das Bauernjahr hat im Grunde weder Anfang noch Ende, höchstens Hoch-Zeiten an Arbeit, die im Frühjahr mit den ersten wärmeren Sonnenstrahlen auch in Siebenbürgen begann. Die Männer schälten Akazien für neue Rebpflöcke, reparierten Zäune und fuhren Stallmist auf die Äcker; letzteres war besonders im Frühjahr eine anstrengende Arbeit, denn der Boden war noch schwer und feucht, so daß die Wagenräder tief einsanken. Fror es unvermutet noch einmal, mußte der Mist mit dem Schlitten gezogen werden. In *Gemeinschaftsarbeit* wurde das Holz für den Pfarrer, den Lehrer und den Arzt gemacht und wurden durch Überschwemmung zerstörte Wege und Mühlenwehren wieder instandgesetzt. Feld-, Garten- und Weinbergarbeiten gingen so richtig im März los, bis zur Ernte gab es nur noch wenige Ruhetage. Vor dem Pflügen, Säen des Getreides und Gemüsesetzen fiel meist noch das *Andingen der Hirten* an. In Billak z. B. war bis zum letzten Krieg das wichtigste Ereignis am Markttag (22. März) das Einstellen von Hirten, Feldhütern und Nachtwächtern, letztere zumeist auch (Aus)Trommler und Gemeindediener in einer Person. Das *Pflügen*, das mit einem Ochsen- oder Pferdegespann bewältigt wurde, beanspruchte besonders Füße und Beine beim vielen Auf- und Abgehen über die grobe Scholle, ebenso die Arme beim Festhalten des möglichst gerade ackernden Pfluges. In Ausnahmefällen führten auch Frauen und Kinder den Pflug.

Meist ab 24. April (Georgentag), sonst allgemein ab Mai, erfolgte der *Frühlingsaustrieb* der Herden. Zur Vorbereitung hierzu gehörte das Viehzeichnen: Seit 1777 durften auf Hörnern und Hufen des Viehs die Hausnummer des Besitzers sowie das Gemeindebrennzeichen zum Wiedererkennen bei Diebstahl oder Wolfsriß eingebrannt werden. Daneben finden sich aber auch zum Teil sehr viel ältere geometrische bzw. figürliche Viehbrand- und Ortszeichen, die mancherorts bis zuletzt noch Verwendung fanden (etwa in Zeiden).

Es war ein großartiger Anblick, wenn in aller Früh die Herden in einer ganz bestimmten Reihenfolge auf die gemeindeeigene Hutweide ausgetrieben wurden oder am Abend in umgekehrter Reihenfolge heimkehrten. Den Anfang machten die Pferde und Fohlen, dann folgten die Ochsen, Kühe, Büffel, Schweine und das Jungvieh. Die Schafe blieben im Sommer ständig im Freien in der Obhut eines Bergrumänen (»păcurar«, »cioban«) und wurden nur zur Winterszeit in das Dorf gebracht. Jede Herde hatte ihren eigenen, für das ganze Jahr angeworbenen Hirten, welcher von allen Bauern nach vorheriger Abmachung und Stückzahl mit Naturalien entlohnt wurde. Der Hirte blies auf seinem Horn ein eigenes Signal, so daß der Bauer gleich wußte, welche Herde vorbeizog, und sein Hoftor öffnete. Für *Viehtränken*, oft mehrere in einem Dorf, war gut gesorgt. Sie wurden von der Gemeinde unterhalten und bestanden aus Holz- und Betontrögen, an denen bis zu je 20 und mehr Stück Vieh getränkt werden konnten.

Während die Männer in den folgenden Wochen ab Mai die für kommende Arbeiten notwendigen Geräte wie Sensen, Sicheln, Erntewagen, Stützen für die Garbenhaufen instand setzten und sich um Scheune und Kornspeicher kümmerten, suchte die Bäuerin alle brauchbaren Säcke zusammen, die geflickt, gewaschen und gebündelt werden mußten. Früher, als der Hattert noch nicht kommassiert (die Gründe noch nicht zusammengelegt), sondern auf viele kleine Parzellen aufgeteilt war, galt das Johannisfest (24. Juni) als Stichtag, an dem auf Anordnung des Gemeinderates die ganze Gemeinde am gleichen Tag gemeinsam das *Mähen der Wiesen* durchführte. Man nannte dies die Wiesen »frei geben«. Diese Anordnung war deshalb wichtig, damit kein gegenseitiger Schaden durch das Niedertrampeln der Wiesen entstand. Lange vor Tagesanbruch war die ganze Gemeinde mit der Heumahd beschäftigt, die als »reine« Arbeit angesehen wurde. An den folgenden Tagen wetteiferte man, das Heu möglichst schnell trocken zu bekommen und einzuführen. Einem aufgeregten Ameisenhaufen glichen die Felder besonders dann, wenn dunkle Gewitterwolken aufzogen. Die Aufhebung des Flurzwanges ab 1870 wandelte diese Bilder allmählich.

Den schönsten Anblick boten Ende Juli die *reifen Kornfelder*. Das Korn wurde in weiten Teilen des Landes noch mit der Sichel, erst sehr spät mit der Sense geerntet. Jeder war bemüht, den Weizen (der sächsische Bauer nannte ihn durchweg »Korn«) so in Mahden zu legen, daß er ordentlich zu Garben gebündelt werden konnte. Hinter dem Mäher folgten der Bundmacher und die Garbenbinder. Eine wichtige Arbeit war das Einsetzen der Haufenstecken oder Pflöcke, auf die die Garben in Kreuzform zum Trocknen aufgesteckt wurden. Zum Mittagessen verköstigte man sich in der Regel vom »Eingesackten«; dieses Mahl war zumeist sehr bescheiden und bestand aus Brot, Speck und gesalzenen, roten Zwiebeln. Oft briet man Speck und fing das ablaufende Fett mit einer Brotschnitte oder einem festen Stück Maisbrei auf. Frisches Wasser holte man in Holzflaschen oder Tonkrügen vom nächsten *Feldbrunnen*. Diese sauber zu halten, war überall Aufgabe der Bruderschaft (s. Seite 114f.), die alljährlich vor Erntebeginn als Abschluß des Putzens ein fröhliches Brunnenfest veranstaltete. In Maniersch z. B. gab es in den Feldern rund um das Dorf 24 Feldbrunnen, deren Standorte oft mit dem »Brunnenreis«, einem geschälten Ast bis zu vier Metern Länge und einem angebundenen Buschen obenauf, kenntlich gemacht wurden. Kurze Mittagsrast und ein kleines Schläfchen wurden trotz großer Hitze und lästiger Fliegen im Schatten des nächsten Baumes abgehalten. Als Hilfen heuerte der Bauer oft rumänische Taglöhner an. War die Weizenernte dann unter Dach und Fach, konnten alle aufatmen. Verregnete es aber die Ernte, kam es trotz des Auseinandernehmens der Garbenhaufen vor, daß der Weizen durch die andauernde Feuchtigkeit und Wärme zu keimen begann und verdarb. Dann mußte Weizen gekauft werden, was die Bauern nie freute, denn Bargeld war knapp.

Kartoffeln wurden früher im sächsischen Bauernhaus wenig gegessen; gemischt mit Maismehl, waren sie Futter für die Schweine. Buchweizen (wie in Urwegen) und Dinkel (wie in Bulkesch), die man zum Anbinden der Weinreben benötigte, wurden grundsätzlich mit der Sichel geschnitten und mit dem Dreschflegel ausgedroschen. Korn und Hafer wurden hingegen mit der *Dreschmaschine*, die im letzten Drittel des vorigen Jahrhunderts aufkam, gedroschen; Freunde und Bekannte leisteten sich hierbei gegenseitig Hilfe. Der Besitzer oder – sofern die Dreschmaschine Gemeinschaftsbesitz war – ein Verantwortlicher ging mit dem »Dampfer« von Hof zu Hof mit. Bis zum Einsatz von Traktoren in den 30er Jahren mußte jeder Bauer selbst für das Zugvieh sorgen, um die schwere Lokomotive mit dem hohen Schornstein und dem Dreschkasten vom Nachbarn abzuholen. Dazu benötigte man ein Vierergespann starker Büffel oder Pferde. Beim Dreschen ließ der Maschinist die aufgeschnittenen Garben in die rotierende Trommel gleiten. Der Strohhaufen wuchs zu einem »Strohhaus« an, in dem scherzhalber eine mit Blumen geschmückte Stange aufgepflanzt wurde (Senndorf). Am Dreschkasten füllten sich währenddessen die Säcke mit Weizen, die bis zu 70–80 kg schwer anschwollen. Der Bauer vermerkte jeden vollen Sack mit einem Strich auf einer schwarzen Tafel, um mit dem Maschinenbesitzer nach Beendigung der Arbeit korrekt abrechnen zu können. Alle Helfer wurden vom Hauswirt verköstigt.

In den ersten Augusttagen wurde der *Hanf* geerntet. Nun war wieder die Bäuerin gefragt, denn alle mühseligen Hanfarbeiten waren ausschließlich Sache der Frauen. Vom Pflücken über das Klopfen, Einweichen, Schlagen, Trocknen, Brechen, Hecheln, Spinnen und Weben bis hin zum fertigen Stück Tuch waren sie bis zum Frühjahr des nächsten Jahres beschäftigt. Der Bauer brachte in diesem Monat auch die *zweite Heuernte* (Grummet) ein.

27 Gute Stube mit Kachelofen und Bett, Michelsberg vor 1945.
Dem in ganz Siebenbürgen bekannten Lutherofen wurde hier ein kleiner gemauerter Ofen mit Eisenplatte, der sogenannte »Kalefok«, vorgesetzt. Die meist blauweißen Ofenkacheln zeigen immer wiederkehrende Muster wie Weintrauben, Blumen, Lebensbaum, Tiere u. a. m. Dieselben Motive kommen auch in den Haustextilien vor, wie hier auf Bettdecke, Wandbehang, Kissen und Ofentuch, das vor die »Häll« (Ofenecke) gehängt wurde.

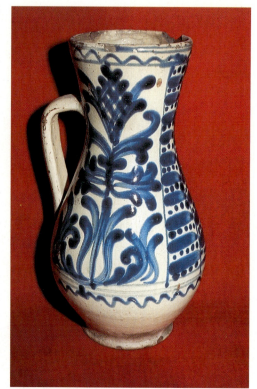

Im September wurde das über den Sommer brachliegende Land *geackert* und *Winterweizen gesät*. Der Samenklee wurde auf den Feldern gedroschen; der Kleesamen hatte einen guten Preis und wurde über den Handel nach ganz Europa verkauft.

Ende September und Anfang Oktober gab es eine Menge zu ernten. *Äpfel und Birnen* wurden mit Hilfe altertümlicher Steigleitern vom Baum geholt, daheim im Keller aufbewahrt oder nach dem Brotbacken im fast ausgekühlten Backofen gedörrt. Aus dem Fallobst wurde *Schnaps gebrannt* oder *Apfelsaft gepreßt* bzw. *Essig gewonnen*. Nüsse gab es in Hülle und Fülle, und aus den Zwetschgen machte man Marmelade oder gab sie in die Maische. Während Obsternte und -handel in ergiebigen Obstanbaugebieten im großen Stil betrieben wurden, wurden in ärmeren Gebieten Geschäfte mit wandernden Händlern geschlossen, die im Spätherbst die besseren Apfelsorten, besonders die beliebten Batull-Äpfel, für wenig Geld abkauften. Abgenommen wurden nur Äpfel einer bestimmten Größe, zu deren Bestimmung die Händler ein Brettchen mit einem etliche Zentimeter großen, kreisrunden Loch mit sich führten. Fiel der Apfel durch das Loch, wurde er ausgeschieden (Bulkesch).

Vor der Maisernte ging man *Bohnen auslösen*. Viele Bauern hatten zusammen mit dem Kukuruz neben Futterrüben und Kürbissen auch Bohnen gesät, die sich die Maisstengel hinaufrankten; sie erforderten dadurch keine besondere Pflege. Im Hof wurden sie auf ein großes Leintuch zum weiteren Trocknen ausgelegt. Waren sie ganz trocken, wurden die Bohnen »gepeddert« (aus den Hülsen gekernt). Diese Arbeit wurde meist von den im Altenteil lebenden Großeltern auf der Bank vor dem Haus verrichtet.

Am 27. September erfolgte in Urwegen die *Maisernte*, in anderen Dörfern fiel sie zuweilen in die Zeit der Weinlese. Die Tage waren zu dieser Zeit schon viel kürzer; so wurde der Mais in der Regel unentblättert eingeführt, in die Scheunentenne geleert und abends entblättert (»schīn mochen«). Dafür wurden täglich mehrere Fuhren in der Küche aufgehäuft. Nach dem Abendessen halfen alle Familienmitglieder, das Gesinde, Nachbarn und Freunde, selbst Kinder bis tief in die Nacht mit, den *Mais zu schälen*. Zum Zeitvertreib wurden immer Geschichten und Märchen erzählt oder Lieder gesungen, um den Schlaf zu vertreiben. Fand jemand beim Schälen einen roten Kolben, was sehr selten vorkam, durfte diese(r) aufstehen, nach Hause gehen und sich niederlegen. Ansonsten aber mußte man den Haufen aufarbeiten, um tags darauf dem nächsten Platz zu machen. Bei feuchter Maisernte kamen die Kolben zum Nachtrocknen in einen »Maiskorb« (s. Seite 32). Das Maisstroh wurde früher auch anstelle des richtigen Strohs zum Füllen von Strohsäcken verwendet. Es ließ sich aber im Sack nicht so gut und gleichmäßig verteilen und raschelte beim Schlafen oft unangenehm. Zum *Maisribbeln* (Abkernen) verwendeten die Bauern ein Gerät mit einer kleinen Metallklinge oder rieben immer zwei Kolben gegeneinander.

Ab dem Gallustag (16. Oktober) fand die *Weinlese* statt, die im Durchschnitt ein bis drei Wochen dauerte (s. besonders Seite 46f.). Den Abschluß aller Feldarbeiten bildete landesweit das *Abhauen und Einführen des Krautes* (»Kampest«), dessen Strunk ausgehöhlt und mit Salz gefüllt wurde; es kam in ganzen Köpfen, zusammen mit würzenden Kräutern, in große Holzbütten und wurde in Wasser eingelegt.

In die Vorweihnachtszeit fiel das erste *Schlachten* im Winter. Manche Bauern schlachteten mehrmals

28 bis 31 Siebenbürgisch-sächsische Gebrauchskeramik.
Schon im 14. Jahrhundert sind Töpferzünfte in Siebenbürgen nachweisbar. Die ersten Sammlungen dieser leicht zerbrechlichen Ware setzten ab 1880 ein. Die vielen bis heute erhaltenen Kannen, Krüge, Teller und Schüsseln, die bis in unser Jahrhundert vorwiegend als Gebrauchskeramik benutzt wurden, darüber hinaus aber auch als Zierde an den Wänden der Bauern- und Bürgerstube hingen und ausgestellt wurden, stammen im wesentlichen aus dem 18. und 19. Jahrhundert. Viele der Keramikstücke sind mit einer Jahreszahl versehen. Sie sind in Form und Auszier unterschiedlich, zeichnen sich aber trotzdem durch eine gewisse Einheitlichkeit aus und zeugen auch in ihrer Anzahl stets von der Wohlhabenheit ihrer Besitzer. Die Gefäße werden heute noch als »Siebenbürgische Ware« gehandelt. Da sie hauptsächlich ländlicher Herkunft sind, lassen sich die Herstellungszentren nicht mehr eindeutig feststellen. Die Keramik wird vielmehr nach den häufigsten Auffindungsorten in mehrere Gruppen gegliedert. Hier vier der wichtigsten:
Links oben: Humpenförmiger Hermannstädter Nelkenkrug mit stilisiertem, ausgeprägtem, blauem Nelkendekor auf weißer Engobe, 18. Jh.
Rechts oben: Birnenförmiger Draaser Krug, Ende 18. Jh. Von großem Formenreichtum, fanden Vertreter dieser Gruppe starke Verbreitung in ganz Siebenbürgen. Das flächenfüllende und von großer Lebendigkeit gekennzeichnete Dekor wurde ohne Vorzeichnung unmittelbar mit Pinsel und Malhorn aufgetragen.
Links unten: Kirchberger Krug mit kugeligem Bauch und aufgesetzten Gürtelstreifen auf dem Krughals, Mitte 18. Jh.
Rechts unten: Großer Weinkrug, als Hochzeits- oder Nachbarschaftskrug verwendet, mit aufgesetzten Herzen sowie grünem und ockergelbem Dekor, 18. Jh.

im Jahr, dann aber kleinere Schweine; manche hatten mit einer zweiten Schlachtung Ende Januar oder Anfang Februar ihr Auskommen für das ganze Jahr. In Bulkesch wog vor dem Zweiten Weltkrieg ein Mastschwein von der Baaßener Sorte an die 250 kg! Am Rücken entlang, wo der Speck am dicksten war und bis zu 14 cm betragen konnte, wurde der erste Schnitt gezogen. Das Schwein wurde geradezu aus den beiden Speckhälften herausgelöst, die zusammen bis zu 100 kg wiegen konnten. Bei tiefen Temperaturen, »wenn das Messer während des Schneidens einfror«, mußten sich die arbeitenden Männer immer wieder mit Glühwein aufheizen. Der eingesalzene Speck wurde geräuchert oder luftgetrocknet und in großen, bis zu einen Meter langen Stücken in vielen Dörfern im *Speckturm der Kirchenburg* aufbewahrt. Von dort durfte sich, unter Aufsicht der Burghüterin, jeden Sonntag die Familie eine bestimmte, meist eine Wochenration, abschneiden; als Erkennungszeichen wurde die Anschnittfläche jeweils mit einem der Familie eigenen Speckzeichen, einer eisernen, den Viehzeichen ähnlichen Stanze, gestempelt. Das übrige Fett wurde ausgelassen, das Fleisch für den Sommer eingebraten und alle anderen Fleischsorten zu den verschiedensten Würsten verarbeitet. Die siebenbürgisch-sächsischen Bauern erwiesen sich dabei als hervorragende Vertreter einer ausgezeichneten Vorratswirtschaft! Aus den ungenießbaren Abfällen an Fleisch, Knochen und Fett wurde unter Zugabe von Wasser und Pottasche bei stundenlangem Kochen nach einigen Tagen *Seife bereitet*, die die Bäuerin besonders für die große Wäsche verwendete. Aus den starken Rückenborsten des Schweins fertigten Wanderzigeuner (»corturarie«) gerne *Bürsten und Pinsel* zum Ausmalen der Häuser und Wohnungen an.

Hin und wieder kam es wegen Krankheit oder eines Unfalls von Tieren (meist waren es Knochenbrüche) zu einer *Notschlachtung* im Dorf. Damit der Besitzer des Tieres aber nicht alleine den Schaden tragen mußte, war die ganze Nachbarschaft verpflichtet, einen Teil des Fleisches abzunehmen bzw. abzukaufen. So wurde der Schaden auf alle verteilt – und geringer gemacht! Lämmer wurden gerne zu Ostern, oft auch zu Pfingsten geschlachtet.

Die grundlegenden *handwerklichen Fähigkeiten* eignete sich der Bauer weitgehend selbst an. Vervollkommnete er dieses Geschick oder genoß darüber hinaus sogar eine Weiterbildung, so wurde er als Dorfhandwerker von der Landbevölkerung gerne aufgesucht; in der Regel behielt er seine Landwirtschaft, betätigte sich aber nebenher als Schuster, Schneider, Schmied, Tischler, Korbflechter, Wagner, Müller, Seiler, Besenbinder oder Faßbinder. Bei größeren Aufträgen fuhr man jedoch lieber auf den Markt bzw. in die Stadt.

Arbeiten der Bäuerin

Die sächsische Bäuerin war allzeit getreue Begleiterin, Mitarbeiterin und Zuarbeiterin des Bauern, ja selbst bei schwerer Feldarbeit und im Stall stand sie ihren Mann. Doch darüber hinaus galt es noch eine Reihe anderer Aufgaben zu erfüllen, und ihr Tag schien oftmals länger zu währen als der anderer Hausbewohner. Das *Kinderaufziehen* war zwar eine teilweise von der zusammenwohnende Großfamilie übernommene Aufgabe. In erster Linie oblag aber der Mutter die Pflege und Betreuung der Kinder. Bald schon nahm die Mutter ihr Kleines mit zur Feldarbeit, allerdings waren sogenannte Erntekindergärten für Kinder ab dem Lauf- bis zum Schulalter, wie sie in unserem Jahrhundert eingerichtet wurden, eine große Hilfe für die Bäuerin. Darüber hinaus war die Bäuerin Krankenpflegerin; immer wieder erwiesen sich die Frauen als Bewahrerinnen und Kennerinnen von Heilkräutern, Heilmitteln, Heilmethoden, von Besprechungsformeln oder Beschwörungsversen.

Die Bäuerin war zuständig für die *häusliche Ordnung*, für die Ausgestaltung der Räume, für deren Wohnlichkeit und für die Sauberkeit. In früheren Zeiten hatten die Wohnräume gestampfte Lehmböden. Die späteren Bretterböden wurden von der Bäuerin jede Woche einmal mit Lauge und Haferstroh blank gescheuert und zwischendurch mit dem Besen saubergekehrt. Um möglichen Staub zu vermeiden, wurde der Boden mancherorts mit Wasser in einer fortlaufenden, später abtrocknenden Musterung besprengt.

Der *Gemüseanbau* und die *Arbeit im Hausgarten* waren eine Domäne der Hausfrau. Außer Kartoffeln und Kraut, die außerhalb des Hofes in größeren Feldern wuchsen, wurde alles, was für den täglichen Gebrauch im Hausgarten angebaut wurde, von ihr versorgt. Wieviel Tauschhandel gab es schon allein mit den verschiedensten Samen! Der Markt bot da eine günstige Gelegenheit, ansonsten tauschte man, lieh oder schenkte einander. Die erste Frühlingsarbeit war das Herrichten von Pflanzkästen und wenig später das Pikieren; auch mußten die Setzlinge unentwegt gegossen werden. War das Pflanzen, Aufziehen, die Ernte die eine Seite, so war das Aufbewahren und Lagern die andere. Vieles wurde eingelegt, eingesäuert, getrocknet, Wurzelgemüse z. B. in Sand eingegraben. Neben Johannis- und Stachelbeerstauden galt die Vorliebe der Bäuerin besonders dem kleinen Blumengärtchen, in dem Rosen, weiße Lilien, Rittersporn, Stiefmütterchen und die stark duftenden Tuberosen blühten. Selbstverständlich wuchsen alle Blumen ihres sonntäglichen Sträußchens für den Kirchgang im eigenen Garten!

Die *bäuerliche Kost* der »Specksachsen« (dieser Spitzname begründet sich auf der Vorliebe der Siebenbürger für Speck) war einfach, deftig, bedingt durch die harte Arbeit der Bauern draußen auf dem Feld. Die Sächsinnen waren allgemein als ausgezeichnete Köchinnen bekannt; gewiß trugen auch die vielen Kochkurse auf dem Land ab 1900 zu dem guten Ruf bei. Es gibt eine ganze Reihe typischer siebenbürgisch-sächsischer Speisen! Die üblichste Fleischzubereitung war das Sieden mit reichlicher Zugabe verschiedener Gemüse- und Obstsorten; sie wurde *»Kächen«* (lat. cocina, Küche) genannt. Abgeseihte Fleischsuppen hießen »de Supp«, in die Teigwaren, Reis, Grieß oder Gerstl eingekocht wurde; das Fleisch davon wurde extra aufgetragen. Von den zahlreichen Gemüsearten war der »Kampest« (Weißkohl) wohl die beliebteste. Im Winter war dieses Kraut oftmalige Zuspeise zum Braten. Es wurde im Herbst in ganzen Köpfen in eine Salzbrühe unter Beimengung von Kren, Dill und Eisenkraut in ein großes Eichenfaß eingelegt, in dem rund hundert Krautköpfe Platz hatten. Das »gefüllte Kraut« mit geräuchertem Schweinefleisch war ein Festessen, das selbst bei Hochzeiten niemals fehlen durfte. Mit der Krautsuppe, der »Gech«, konnte man allerhand wohlschmeckende, vor allem aber gesunde Suppen zubereiten. Die *»Tokana«* war ein beliebtes Rindsgulasch; gern wurde auch *Geflügel* in allen möglichen Zubereitungsvarianten gegessen. Eine fleischlose, oftmals nicht richtig sättigende Mahlzeit war der *»Palukes mät Mälch«* (Maisbrei mit Milch). Mit Käse zubereitet und in der Backröhre gebacken, mundete er allen. Als Zuspeise zum Schweinebraten im Winter war der Palukes sehr beliebt. Waren im Winter die mit Schweinefleisch zubereiteten Speisen und die vielen, meist *sauren Bauernsuppen* Hauptnahrung (wobei *Kraut* und *Zwiebeln* weitgehend den Vitaminbedarf deckten), wurde im Sommer sehr viel fleischlos gegessen.

Unter den variantenreichen Mehlspeisen – die Wiener Küche klingt an! – stach eindeutig der *»Hanklich«* hervor. Der aus Brotteig, aber auch aus feinem Hefeteig hergestellte, oben mit Rahm bestrichene oder mit Obst, Eiern, Speck usw. belegte flache Kuchen war in den verschiedensten Abarten als spezifisch siebenbürgisch-sächsische Festtagsspeise im ganzen Land bekannt; am besten schmeckte er warm, frisch aus dem Ofen. In Nordsiebenbürgen war der »Klotsch«, ein milchbrotähnliches Feingebäck, beliebt. Die Erstellung eines »Baumstriezels«, den man vor dem Auftragen mit der Schere aufschneiden mußte, verlangte schon mehr Geschick; hier wurden Hefeteigstreifen auf ein hölzernes Baumstriezelholz gewickelt, in Zucker gewälzt und über glühenden Kohlen unter ständigem Drehen rasch braun gebacken. So erhielt er eine knusprige, schmackhafte Kruste.

Die *Gastfreundschaft* in Siebenbürgen war sprichwörtlich groß und herzlich; typische Gerichte wurden stets in Fülle aufgetragen. Alle Feste waren auch Anlaß zu Gaumenfreuden, besonders natürlich die Hochzeiten, deren Festessen in Auswahl und Reihenfolge sich nach ungeschriebenen Regeln vollzogen.

Das eigentliche Hauptnahrungsmittel aber war das *Brot (»brīt«)*. Die Anzahl der Brote und die Häufigkeit des Brotbackens richtete sich nach der Größe der Familie und nach anstehenden großen Familienfesten. Im Durchschnitt wurden alle 10–14 Tage zwischen 5–10 Laibe zu je 4–5 kg gebacken. Als Brotgetreide galt vorwiegend Weizen, aber auch Roggen. Oft wurden dem Teig als Feuchtigkeitsspender gekochte, geriebene Kartoffeln oder Maismehl beigegeben. Zu allen Festen buk man in der Regel Weißbrot. Im Spätsommer legte man den Brotlaib beim Backen auf ein großes Kraut- oder Weinblatt, wodurch das ganze Brot einen köstlichen Geschmack bekam (Jaad). Schon am Vormittag wurde der Sauerteig angesetzt. Noch vor Tagesanbruch stand die Bäuerin, besonders während der schweren Arbeitszeit in den Sommermonaten, wieder am Backtrog und knetete den Teig durch. Nach etwa zweistündigem Backvorgang schlug sie mit einem großen Messer die dicke, schwarze Kruste von dem noch warmen Brot. Der »Totzen« (Brotanschnitt, Scherz) vom frischen Brot schmeckte besonders den Kindern.

Zwei- bis dreimal im Jahr wurde unter Mithilfe mehrerer Frauen *große Wäsche* gewaschen. Welch gewaltiger Vorrat an Tisch-, Bett- und Leibwäsche war da vonnöten! War ein öfteres »Beichen« (wohl von Bleiche abgeleitet) notwendig, deutete dies auf einen ärmeren Haushalt hin. Am ersten Tag wurde »gebeicht« oder »gesächtelt«: die schmutzige Wäsche wurde sorgfältig in einen riesigen Holzbottich gelegt, wo sie nach dem Einweichen mehrmals mit Asche und kochend heißem Wasser übergossen wurde. Die so gewonnene Lauge wurde ständig abgelassen und erneuert. Auf diese Weise wurde der Schmutz (»Kneist«) aufgeweicht. Am nächsten Morgen brachte man die Wäsche zum nächsten Dorfbrunnen oder zu einem fließenden Bach, wo die Wäsche – während die Frauen im Wasser standen – mehrmals gewaschen, ausgespült und mit einem Wäschebleuel auf langen Bänken (»Schragen«) fest geklopft und geschlagen wurde. Nach dem kräfteraubenden Auswringen wurde die Wäsche in großen Bottichen heimgefahren und zum Trocknen aufgehängt. Nur die feinen Sachen wurden mit einem kohlebeheizten Bügeleisen gebügelt, alles andere gut ausgeschüttelt und ordentlich zusammengelegt. In Windau, das die meiste Zeit kein fließendes Wasser hatte, war es vorgekommen, daß bei überraschend einsetzendem Frost die Eisdecke des Dorfgrabens mit der Axt eingeschlagen werden mußte, um fließendes Wasser zum Ausschwemmen der Wäsche zu finden. Behangen mit Eiszapfen an Schürze und Kittel beendeten die Frauen die schwere Arbeit und wärmten sich bei Glühwein und einem warmen Essen.

In den ersten Augusttagen konnte in den Gespinstanbaugebieten der *Hanf geerntet* werden. Ein unglaublich mühseliger und arbeitsintensiver Weg führte bis zum fertigen Gewebe, doch galt: was man selbst ziehen und anfertigen konnte, mußte nicht gekauft werden! Der Hanf wurde nach der Ernte getrocknet, gebündelt und tagelang in fast stehendem Wasser eingeweicht (»geröstet«). Die Frauen schlugen anschließend, bis zur Hüfte im Wasser stehend, die Bündel in hohem Bogen so lange kräftig ins Wasser, bis die Stengel blank, glatt und weiß waren – eine äußerst anstrengende Arbeit. Die schweren Hanfbündel wurden zu Hause mehrere Tage in der Sonne getrocknet, verströmten einen aufdringlichen Geruch und bekamen langsam die charakteristische blasse Farbe. Die Bündel wurden dann gegen den Heubaum geschlagen und mit der Brechel gehackt, damit die harte Hülle zerbrach und wegfiel. Beim Ziehen durch den Kamm wurden die letzten Stengelreste herausgeholt, und das Werg blieb übrig. Nach mehrmaligem Kämmen erhielt man zuletzt seidig glänzenden Hanf in feiner Qualität. Er wurde zu Strähnen verknotet und 25 Stück zu einem »Rocken« gebündelt.

Erst in der *Rockenstubenzeit* nach St. Gallus, in Weingegenden nach Martini (11.11.), wurde der Rocken wieder hervorgeholt, wenn sich die Frauen beim »Lichtels« zusammenfanden und allabendlich Garn spannen. Da ging es bei Tratsch und Klatsch, bei Spaß und Sang Wochen hindurch fröhlich zu, besonders in der »Gainzelnocht«, in welcher die ganze Nacht zum Abschluß der Spinnarbeiten durchgearbeitet, mehr noch bei »Hības« (Backwerk) und Wein durchgefeiert wurde. Die konfirmierten Mädchen hatten ihre eigenen Rockenstuben, die sie wöchentlich wechselten; es kamen jeweils 15–20 Spinnerinnen zusammen. Den Mädchen Gesellschaft leisten durften ab 8 oder 9 Uhr abends auch die Knechte, die für Unterhaltung und Spaß sorgten, zuweilen auch schon verstohlen auf Brautschau gingen. Selbst Schulmädchen der vier obersten Volksschulklassen wurden in ihrer Rockenstube (»Rôkenstuf«) in die Kunst des Spinnens eingeführt.

War endlich das Garn fertiggesponnen, ging es im Januar oder Februar ans Weben. Freilich mußte vorher das Garn gehaspelt und der Webstuhl eingerichtet werden. Bei dem langwierigen Vorgang des Kettenaufziehens legte meist der Hausvater mit Hand an. Nun wurden Stoffe für die feineren Hosen, Hemden und Kittel, für die gröbere Tisch- und Bettwäsche, für Vorhänge und die groben Zwillichsäcke, für Pferdehalfter und -decken gewebt. Aus gröbstem Hanf drehte man Stricke und Seile. Ebenso fertigte man mannigfaltige Gewebe für den Zimmerschmuck, mit den beliebten eingewebten Mustern in den vorherrschenden Farben Rot und Blau. Die einzelnen Webstücke waren brettsteif, und selbst ein fertig genähtes Arbeitshandtuch oder Hemd fing erst nach zehn Jahren an, angenehm weich zu werden.

In unserem Jahrhundert ging der Flachs- und Hanfanbau stark zurück, bis 1945 kam er ganz zum Erliegen. Billige und qualitätsmäßig schlechtere Importware forcierte den Niedergang. Deshalb nutzten die Frauen und Mädchen die Rockenstube dann auch für andere Handarbeiten wie Sticken und Nähen. Stricken spielte eine ganz untergeordnete Rolle. Es ist in der Tat verwunderlich, welche Kunstwerke bei der schwachen Petroleumbeleuchtung entstanden! (Elektrischen Strom gab es auf dem Land sehr spät, in Wallendorf z. B. wurden die Leitungen erst 1928 verlegt.)

Die *Stickereien* wurden, sofern sie für den Zimmerschmuck vorgesehen waren, von den Frauen im wesentlichen in zwei Techniken gearbeitet: erstere war eine nach den Webfäden abgezählte in Kreuz- und Zopfstich, die in Südsiebenbürgen vorherrschte, die zweite eine nach aufgezeichneten Vorlagen im sogenannten »geschriebenen« Muster ausgeführte, wie sie hauptsächlich im Norden des Landes sowie in der Repser Gegend und im Unterwald vorkam. Auch bot die reich ge- und bestickte (Fest)Tracht der Siebenbürger Sachsen beim Neuanfertigen, Ausbessern und Ergänzen stets ein weites Feld an Betätigung. Besonders die unzähligen an Fest- und Werktagen gleichermaßen getragenen Hemden mit kunstreichem »Gereihsel« (Faltenstickerei) an Halsausschnitt und Ärmeln, die vielen buntbestickten Bortenbänder zur Mädchentracht, die fein tamburierten Tüllschürzen und Schleiertücher der Frauen, die perlenbestickten, samtenen Kopfbänder der Mädchen, die weißen Netzarbeiten, Durchbruchstickereien, Weißnähereien und gehäkelten Spitzeneinsätze seien hier nur beispielhaft erwähnt.

Weinbau und Weinlese

Nicht von ungefähr wird der Weinbau als die Krönung der Bauernarbeit bezeichnet. Der seit alten Zeiten hochgeschätzte und begehrte siebenbürgische Wein der Sachsen spielte im Familienleben wie auch in der großen Gesellschaft eine sehr beachtliche Rolle. Alle Feste des gesamten Jahres- und Lebenslaufes sind ohne Wein nicht denkbar. Für Hochzeiten oder die Feier des heiligen Abendmahls wurde gewöhnlich der beste Tropfen zurückgehalten. Auch die aus dem Mittelalter überkommene Sitte des im »Eigen-Landrecht« von 1583 (jenem Gesetzbuch, das auf dem Gebiet der »Sächsischen Nationsuniversität« in Siebenbürgen 270 Jahre lang Gültigkeit hatte) genannten, rechtsgültigen, besiegelnden Gelöbnistrunks nach einem Kauf oder Verkauf von Haus, Grund, Vieh bzw. nach einer Vereinbarung im Handels- und Wirtschaftsverkehr, nach Zwistigkeiten, bei Verlöbnissen oder bei Hochzeiten – das »Almesch«-Trinken –, blieb in Siebenbürgen bis in die Gegenwart erhalten. Und wer kennt nicht den stets herzlich gereichten Begrüßungs- und Ehrentrunk, den abzuschlagen – außer aus gewichtigen Gründen – einer Beleidigung gleichkäme? Vielfach war eine Naturalentlohnung mit Wein ebenso üblich, wie eine Mostabgabe im Herbst für die Erhaltung der eigenen Kirche und Schule bis 1945 bindend war. Zu nennen wäre auch die für jeden Bauern festgelegte Abgabemenge von Wein für die Nachbarschaften, Bruderschaften, für die Freiwillige Feuerwehr, die Adjuvanten (Blasmusikkapelle) oder die für Hochzeiten gemeinschaftlich geleistete Beisteuer.

Ursprünglich war die Rebkultur, aus der moselfränkischen Urheimat mitgebracht, nahezu über das ganze sächsische Siedlungsgebiet in Siebenbürgen verbreitet, erfuhr aber später, infolge regionaler Klima-Ungunst und vor allem der Einfuhr der billigen Südweine, eine beträchtliche Einschränkung, so daß letztlich nur das Kokeltal, der Unterwald und Nordsiebenbürgen als Rebenanbaugebiete verblieben. Hier wurde der Weinbau, wie einst im moselländischen Herkunftsgebiet, bis 1945 zur Existenzgrundlage.

An den Südhängen des von ausgedehnten Wäldern und vom Karpatengebirge schützend umschlossenen Hochlandes, auf einer Höhe von 300–350 Meter ü. d. M. gelegen, gedeihen die Reben auf den schweren, lehmigen Kalk-Mergelböden recht gut und bringen in sonnenreichen Jahren sogar Spitzenweine von feinwürziger und vollmundiger Eigenart und Qualität hervor. Der siebenbürgische Wein ist schwer und eher süß als herb.

Das eigentliche »*Weinland*« Siebenbürgens liegt zwischen Kleiner und Großer Kokel. Es ist das klimatisch günstigste und größte zusammenhängende Rebenanbaugebiet. An den Talhängen der beiden Kokeln entwickelt sich bei starker Sonneneinstrahlung und hoher Luftfeuchtigkeit mit Nebelbildung bis zum Hochsommer in Bodennähe ein Mikroklima; die dort reifenden Trauben bringen, durch Vollreife und Edelfäule bedingt, vorzügliche Weine hervor. Die bekanntesten Gemeinden in diesem Gebiet sind Rode und Mediasch. Seit etwa 1700 ist das Mediascher Stadtwappen durch eine Weinrebe mit Traube geziert.

Das *Absterben der alten Weinberge* durch die vor 1900 aus Amerika über Frankreich eingeschleppte Reblaus sowie die Pilzkrankheit Peronospora veranlaßte hier in den 90er Jahren des 19. Jahrhunderts mehr Bauern als anderswo in Siebenbürgen zur Auswanderung; die meisten von ihnen zog es in die USA. In enger Zusammenarbeit mit dem 1845 gegründeten Siebenbürgisch-Sächsischen Landwirtschaftsverein halfen die Raiffeisengenossenschaften als wirtschaftlicher Selbsthilfeverband, die Existenznot dieser Weinbauern des Kokelgebietes zu bannen. Durch eine radikale Umstellung auf reblausresistente Unterlagen und durch eine verbesserte Kellerwirtschaft konnte Ernteeinbußen relativ gut vorgebeugt werden.

Nach Ende des Zweiten Weltkriegs wurde der Weinbergbesitz der sächsischen Weinbauern entschädigungslos enteignet und zum Großteil zu Staatsweingütern zusammengeschlossen. Die nun einem staatlichen Kollektiv übertragene Weinbaukultur mußte sich zudem mit den verheerenden Auswirkungen der Industrialisierung auseinandersetzen; so brachte beispielsweise die Luftverschmutzung im Mediascher Raum durch den großen Schadstoffausstoß der Industrieanlage von Kleinkopisch viele Weinberge zum Absterben. Damit verlagerte sich das Anbaugebiet von der Großen ins Tal der Kleinen Kokel mit Schwerpunkt Seiden. Doch blieb der siebenbürgische Wein bis in die Gegenwart beliebter und begehrter Exportartikel.

Der *Weinbau*, eine aufwendige, dazu von den Launen der Natur abhängige Sonderkultur, macht intensiven Arbeitseinsatz vom Beginn der Schneeschmelze bis zum Schneefall im Spätherbst erforderlich. Dazu kam in Siebenbürgen noch das Eingraben der im Herbst zurückgeschnittenen Reben in die Erde, hangaufwärts, als Vorsorge gegen den Winterfrost. Die Reben, die eine Temperatur unter −20 °C nicht vertragen, wurden »unterlegt«. Besonders das Rigolen (Umgraben des Bodens bis in eine Tiefe von ca. 60 cm) und das Hacken mit Hauen war eine harte Arbeit, und der Kampf gegen Reblausbefall, dem man mit mehrmaligem Spritzen begegnete, gegen Vogelfraß und Unkraut war eine nie enden wollende Dauerbeschäftigung.

Im Frühjahr mußten die Reben, die man im Herbst mit Stroh und Erde zugedeckt hatte, wieder herausgenommen werden. Danach wurden 2–3 m hohe Pfähle (»Stekken«) in den Boden gerammt und die Reben mit »Gīrten« darangebunden. Die »Grünarbeit« beinhaltete das Wegbrechen schwacher oder überzähliger Triebe, im Herbst das Zurückschneiden der zwei bis höchstens drei Haupttriebe; intakte Traghölzer wurden für die nächstjährige Lese stehengelassen. Das Düngen war vorwiegend Winterarbeit, wenn der Mist mit Schlitten angefahren werden konnte. Die Weinberge waren meist mit einem Zaun umfriedet, in den Rebabfälle miteingeflochten wurden – wie in Maniersch. Dadurch wurde der Zaun für Groß- und Kleinvieh sowie für Wild undurchdringlich.

Die Weinbauern einer Gemeinde waren im freigewählten *Bergamt (Berggemeinde)* zusammengefaßt, das polizeiliche Verfügungsgewalt besaß. Ihre Aufgabe war es, für Ordnung in den Weingärten zu sorgen und ständige Kontrollen durchzuführen. Der Bergausschuß bestimmte gleichermaßen die ehrenamtlichen *Weingartenhüter*, die wochenlang Tag und Nacht dafür sorgten, daß kein Unbefugter die Weinberge betrat. Als Unterschlupf bei Regenwetter diente ihnen gewöhnlich eine kleine »Kalip« (Hütte). Allein die ständige Anwesenheit der Hüter im Weinberg wirkte abschreckend für Diebe, aber oftmals hatte ein Weingartenhüter auch eine Schußwaffe bei sich. Auf jeden Fall haftete er für jeden Schaden, sofern der Schuldige nicht überführt werden konnte. Mit Einsetzen der Traubenreife Ende August bis zum Beginn der Weinlese am Gallustag (16. Oktober) war der Weinberg geschlossen und das Betreten nur mit Erlaubnis des Bergamtes möglich. Sie wurde höchstens zweimal wöchentlich erteilt, um den Weinbauern die Möglichkeit zu geben, Trauben sowie Pfirsiche, die vereinzelt im Weinberg wuchsen, zum Verkauf auf dem Wochenmarkt oder für den Eigenbedarf zu holen. Die Entlohnung des Weinberghüters war in der Regel eine Mostabgabe aller Weinbauern nach Besitzanteilen.

Nahte der Beginn der Weinlese, waren für diese viele *Vorarbeiten* notwendig: Eimer, Bütten, Bottiche, Maischhölzer, Schaffe, Kelter und Fässer mußten gebrüht, abgedichtet und saubergemacht sowie die Eisenreifen der Fässer mit Lack neu gestrichen werden. Waren die Fässer noch neu, mußten sie innen zuerst mit Wasserdampf behandelt werden. Anschließend wurden sie ausgeschwefelt, um alle Krankheitskeime abzutöten. Außerdem mußte der große Erntewagen in einen Weinlesewagen umgewandelt und mit den für die Lese notwendigen Gefäßen beladen werden. Die Frauen waren eifrig damit beschäftigt, Haus und Hof zu reinigen und die blütenweißen »Härwest«-Schürzen für die Traubenleser (in manchen Gegenden trugen die Männer blaue Schürzen wie in Südtirol) bereitzustellen. Über Nacht wurde die ganze Gemeinde zur Festgemeinde; jung und alt sahen in der *Weinlese* mehr ein Vergnügen, obgleich sie sorgfältiges und emsiges Arbeiten erforderte. In der Regel nahm die Weinernte, sofern sie nicht verregnet oder verhagelt wurde, was oft einer finanziellen Katastrophe gleichkam, einen fröhlich-festlichen Verlauf. Bei dem sprichwörtlich sonnigen und warmen siebenbürgischen Herbst war dies das schönste Erlebnis des bäuerlichen Jahres in der freien Natur. Frauen, Männer, Mädchen, Burschen und Kinder – alles wollte mit! Oft kamen auch Verwandte und Bekannte aus der Stadt, die Kinder hatten schulfrei und brachten ihrerseits auch wieder Kameraden mit.

Der Wagenzug, der sich schon am frühen Morgen auf den Weg machte, schien kein Ende zu nehmen. Kleine Kinder waren oft im großen Bottich (»Bid«) auf einem Bündel Maisstroh am besten aufgehoben. Im Weinberg angekommen, wurde schnell alles abgeladen, der Wagen befestigt, ein Steg zum Bottich angelegt, das Vieh losgebunden und zur Tränke geführt, ein wärmendes Feuer für die Kinder entzündet. In manchen Gemeinden wurde vor dem gemeinsamen Betreten der Weingärten von den Adjuvanten ein Choral geblasen, anderswo unterhielt Zigeunermusik die Weinlesenden bei der Arbeit. Ein lautes, frohes »Vivat« erklang, wenn der erste die volle Bütte in den großen Bottich leeren konnte. Die *Menge* des später erhaltenen Mostes wurde übrigens nach der Anzahl der eingebrachten Bütten errechnet; eine Bütte ergab nach dem Keltern der Trauben etwa drei Eimer, das sind ca. 34 Liter. Das Singen, Scherzen und auch Traubenessen nahm kein Ende. War dann der Bottich vollgefüllt, die Körbe mit den schönsten Trauben zum Aufbewahren für den Winter hergerichtet, machte man sich zu Fuß auf den Heimweg. In manchen Gemeinden standen am Dorfanger Rumänen und Zigeuner, welche keinen Weinberg hatten, und erbaten sich von jedem Wagen eine Traube; auch dafür war eigens ein Schäffchen oder ein Korb vorbereitet worden (Hetzeldorf). Während die Frauen die mitgebrachten Tafeltrauben mit Fadenschlingen auf Stöcke hingen und in der Speisekammer oder gar in der »guten Stube« aufbewahrten, *kelterten* die Männer oft bis tief in die Nacht, was tagsüber geerntet worden war. Der ausgepreßte Most wurde dann in ca. 600–700 Liter, ganz selten 800 und mehr Liter fassende Eichenfässer eingefüllt. Die »Treber« (Rückstände der ausgepreßten Trauben) wurden nach der Lese festgestampft, luftdicht abgedeckt (in der Gemeinde Seiden mit Schlamm), und nach etwa drei Monaten wurde aus ihnen der beliebte »Treberpali« (Schnaps) gebrannt, der – besonders in ärmeren Gegenden – mit einem Stück Brot das Frühstück der Bauern war und gerne als Willkommensgruß Gästen angeboten wurde. Begnügte man sich während der Weinlese zu Mittag, im kühlenden Schatten eines Baumes, mit Brot, Speck und Zwiebeln, so beschloß am Abend ein großes, reichhaltiges Essen für alle an der Weinlese Beteiligten die arbeitsamen Lesetage.

Nachdem die Weinlese überall beendet war, durfte in Urwegen jeder, meist Kinder und Besitzlose, Nachlese halten; »mer gon pochirtschīn«, hieß es dann. Vor der bald nach der Ernte einsetzenden Schlechtwetter-Periode mußte zuerst der Weinberg versorgt werden: die Reben wurden zurückgeschnitten und »unterlegt«. Die abgeschnittenen Reben wurden gerne später zum Heizen des Backofens beim Brotbacken verwendet. Dann erst – meist herrschte bereits schlechtes Wetter – wurden die während der Weinlese verwendeten Geräte gereinigt und bis zum nächsten Jahr aufbewahrt.

Marktleben

Die Bevölkerung Siebenbürgens deckte ihren Bedarf an Gebrauchsgütern weniger in Handelsgeschäften und Werkstätten. Umschlagplätze waren vielmehr neben den Jahr- und Wochenmärkten in den Städten und Marktgemeinden vor allem die *Jahrmärkte* in zahlreichen kleineren Orten. Die Jahrmärkte standen häufig mit den Kirchweihfesten in Zusammenhang; sie wurden in der Regel am Tage des aus der Urheimat mitgebrachten Kirchenheiligen abgehalten. So fanden etwa in Bistritz der berühmte Bartholomäusmarkt am Mittwoch nach Bartholomäus (24. August), der Andreasmarkt in Mediasch am 30. November oder der Stephansmarkt (»Stiefesgohrmert«) in Kokelburg am 17. August statt. Die größeren Märkte stellten ein Sammelbecken für alle Völkerschaften des Landes und der angrenzenden Gebiete dar – jede mit den Besonderheiten ihrer Gruppe in Sprache, Kleidung, Arbeits- und Lebensweise. Auch kam es zu einer anregenden Begegnung zwischen Stadt und Land, und vielerorts haben sich die Märkte als Handelsort und Treffpunkt bis heute erhalten. Hier konnte sich der Bauer mit dem eindecken, was nicht im eigenen Haushalt erzeugt und doch zum Leben benötigt wurde. Neben den landwirtschaftlichen Erzeugnissen wie Gemüse, Obst, Milchprodukte und Blumen hielten auch Böttcher, Seiler, Wagner, Töpfer, Tischler, Kürschner, Hutmacher, Schneider, Schuster und Korbmacher ihre Ware feil. Von weit her kamen oft die Handwerksmeister mit ihren verschiedenen Gebrauchsgegenständen aus eigener Herstellung. Sächsische Händler konkurrierten mit ungarischen und rumänischen, wobei die Hersteller bemüht waren, ihr Warenangebot dem Geschmack und den Bedürfnissen ihrer Kunden anzupassen. Das bedeutete aber auch, daß sie das spezifische Muster- und Formenrepertoire der verschiedenen ethnischen Gruppen beherrschen mußten. Manche aufregende Neuerung oder Modeströmung fand hier ihren Ausgangspunkt und erlebte eine allmähliche Verbreitung.

Das *Fahren zu einem Jahrmarkt* gestaltete sich zu einem jährlich wiederkehrenden Festtag voll angespannter Vorfreude, natürlich besonders für die Kinder. Die Hinfahrt mit dem Büffel- oder Ochsenkarren konnte mehrere Stunden dauern. In Nordsiebenbürgen war es an Markttagen ein schöner Anblick, die Fuhrwagen zum Markt ziehen zu sehen. Ihnen vorgespannt waren sauber gewaschene, weiße Ochsen ungarischer Rasse im Viererzug. Ihre oft meterlangen Hörner waren eingefettet worden, um darauf gewachsene Maserungen oder angebrachte Verzierungen zu betonen; an ihren Enden baumelten spannenlange Quasten aus roter Wolle (Lechnitz). An Ort und Stelle angekommen, bot sich den Besuchern ein buntes und lautes Bild voll Sprachenwirrwarrs und tausendfältiger Gerüche. Neben den Händlern und Käufern fanden sich auch allerlei Gaukler, Bettler, Taschendiebe, Glücksspieler, Leierkastenmänner mit Papageien und Affen sowie Zigeuner mit Tanzbären ein. Für die Jugend bot der Jahrmarkt Anlaß zum Spenden und Schenken. Perlen, Broschen, Armbänder, Ohr- und Fingerringe für Mädchen und Zigarettenhalter, -dosen, Tabaksdosen und Taschenmesser für Burschen waren sehr beliebt. Die Stolzenburger z. B. fuhren in der Regel auf den Mai- bzw. Oktobermarkt nach Hermannstadt, um den notwendigsten Hausrat zu kaufen und andere größere Anschaffungen zu tätigen. Hier erhielten die Mädchen auch ihre Aussteuer. Der Tradition gemäß erwarb der Bräutigam für seine zukünftige Frau Stiefel, Tuch und Band zur Tracht, während die Eltern der Braut den Pelzumhang, eine dicke Wolldecke, vor allem aber die bemalte Brauttruhe bzw. später -kommode beisteuerten. Besonders zum Herbsttermin kaufte man Möbel, da im Winter die Hochzeiten stattfanden. Außerdem verfügte der Bauer zu diesem Zeitpunkt am ehesten über das nötige Bargeld, das durch den Verkauf der Ernte und des Viehs zusammengekommen war. In Großkopisch währte der Jahrmarkt vier Tage (zwei Tage Viehmarkt, zwei Tage Warenmarkt) im August; er war als »Gurkenjahrmarkt« weitum bekannt, wobei sein Name von den durststillenden Gurken herrührte, die man während der heißen Hundstage gerne aß.

Seit Mitte des 19. Jahrhunderts ging als Folge besserer verkehrstechnischer Erschließung des Landes die Bedeutung der Jahrmärkte stark zurück. Während sie nur noch in wenigen Orten abgehalten werden, gibt es sie in den Städten immer noch. Stark besucht waren auch die stets an bestimmten Tagen stattfindenden *Viehmärkte*, über welche im wesentlichen der große Viehtransfer lief. Ochsen, Kühe, Büffel, Pferde und Schweine wurden gesondert aufgetrieben; der ganze Markt war umzäunt, um ein Ausbrechen der Tiere zu verhindern. Hier wechselten u. a. die so begehrten Mastochsen, deren Endabsatzmarkt im alten Österreich-Ungarn lag, ihre Besitzer. An Verladetagen wurden an manchen Bahnhöfen bis zu 30 Waggons Mastvieh abgefertigt. Am schwierigsten gestaltete sich der Pferdehandel, nicht einfach war auch der Kauf eines Büffels, denn diese Tiere haben manch unangenehme Eigenschaften, die oftmals erst nach dem Erwerb bemerkt werden.

Die zum bäuerlichen Alltag gehörenden *Wochenmärkte*, auf denen der Bauer seinen Bedarf an nicht selbst Erzeugtem zu decken versuchte und die Städter wiederum vor allem frische Landprodukte kauften, haben bis in die Gegenwart ihre festgelegten Tage. In Hermannstadt z. B. werden sie immer noch am Dienstag und Freitag abgehalten, jedoch nicht mehr in der Stadtmitte, sondern am Ufer des Zibinflusses in der Unterstadt. Wie früher sieht man Bäuerinnen aus Neppendorf (neben Großpold und Großau eine der nahegelegenen drei Landlergemeinden) zweimal wöchentlich mit ihren auffallenden zweirädrigen Blumenwagen nach Hermannstadt rollen.

32 Katzendorfer Truhe, 19. Jh. (Museum Törzburg). Bis in unser Jahrhundert gab es in allen sächsischen Bauernhöfen noch Truhen zum Aufbewahren von Vorräten und Kleidung. Hier ein schönes Beispiel einer Truhenbank mit Lehne; sie gehört zur Gruppe der Möbel aus der Repser Gegend und ähnelt in ihrer Ausführung der Tektonik in der Emporenmalerei der Kirchen. Kassetten wechseln mit Kleeblattfelderungen, in die feine Blumensträuße eingebunden sind. Die warmen Hauptfarben Grün und Rotbraun sind typisch für die Katzendorfer Möbel.

33 Bauernfamilie beim Abendessen vor 1945. Unter der Stubendecke laufen ringsum an den Wänden lange, buntbemalte Holzrahmen, auf denen in Reih und Glied viele bunte, birnenförmige Krüge (Kräjel) schräg an ihren Haken hängen. Darüber reihen sich, von einem schmalen Geländer gestützt, Teller und Schüsseln. Diese Weinkrüge und Teller wurden nur zu Festtagen, besonders bei Hochzeiten, benützt.

34 Keisder Teller mit Tulpe und Rebe von 1799. Die kobaltblaue Keisder Sgraffitto-Keramik erfreut sich in ihrer Zweifarbigkeit besonderer Wertschätzung in Stadt und Land. Zu den häufigsten, freien und unsymmetrischen Ornamenten gehören Tulpe, Traube und Vogel. Der schriftlustige Meister gravierte oft selbst das Herstellungsdatum in den Ton, manchmal auch Sprüche und Verse.

35 Draaser Schüssel mit zwei Griffen. Im Gegensatz zur Keisder Keramik kommt hier die für ganz Siebenbürgen kennzeichnende, beliebte Farbzusammenstellung Blau-Weiß in umgekehrter Weise zum Tragen: hier mit dem Malhörnchen aufgetragen, dort in den noch weichen Ton eingeritzt. Die Vorliebe der Sachsen für eine beschränkte Farbskala, wie wir sie auch in ihren Webereien und Stickereien antreffen, wird hier besonders deutlich.

36 Gute Stube, Urwegen vor 1945.
In weiten Teilen des Landes galt in der guten Stube bis in unser Jahrhundert noch die Aufteilung der Ecken für bestimmte Tätigkeiten und ersetzte dadurch mehrere Räume: Ofen-, Eß-, Bett- und Wirtschaftsecke. Erst relativ spät kam der Tisch in die Mitte des Raumes. Hier der schwere Zargentisch (Rampttisch) und zwei Stühle mit schräggestellten, geraden Beinen und kleiner Sitzfläche. Daneben ein hoher »Schüsselkorb« und die darüberhängenden Krügel- und Tellerrahmen.

37 Stickendes und spinnendes Mädchen um 1935. Schon vor der Rockenstube begannen die jungen Mädchen mit viel Fleiß und Geschick Handarbeiten für den Gebrauch und zur Zierde zu erstellen. Je reicher die Aussteuer, desto begehrter war das heiratsfähige Mädchen. – Neben den Mädchen steht der Rumpftisch, auf dem das in schmalen Bahnen gewebte Tischtuch mit seinen medaillonartigen Mustern in Kreuz- und Zopfstich liegt. Dahinter das »Hohe Bett« mit den aufgetürmten Polstern, deren Stulpen vielfältige Stick- und Webmuster aufweisen. Unter dem Krug- und Tellerbord ein bestickter Wandbehang mit typischen Nelkenmotiven. ▷

38 Beim Weben um 1920. In fast jedem Bauernhaus war während der Wintermonate der sperrige Webstuhl aufgestellt, an dem bis zum Frühjahr die Frauen eifrig arbeiteten – hier eine Weberin und eine Garnspinnerin. Tisch, Hohes Bett und Krügelrahmen kennzeichnen den Raum als gute Stube. Die fertige Ware hängt über dem Webstuhl. ▽

39 Stickende Bäuerin in der guten Stube, Tartlau vor 1945. Das Hohe Bett ist hier mit einer in »überhobenen Mustern« gewebten Decke bedeckt. Neben Krügen und Tellern bilden gerahmte Bilder, die den früheren textilen Wandschmuck ersetzen, die Auszier des Raumes.

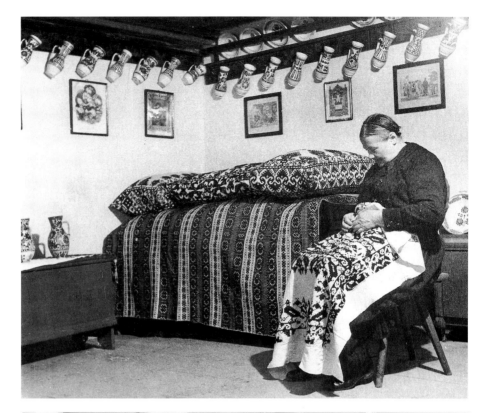

40 Backofen in Jaad ca. 1935. Der mächtige, nordsiebenbürgische Kachelofen (»Om«) belebt mit seinen kobaltblauen Tier- und Blumenmotiven gleich einer Bilderbuchansicht die trauliche Atmosphäre der sächsischen Stube. Zu den beliebtesten Kachelornamenten gehören der immer wieder auch in den Stickmustern vorkommende Lebensbaum mit Blättern und Blüten, Trauben, Herzen, Blumen, daneben Brautpaare, Vögel und Hirsche. Die früher unglasierten, später grün und weiß-blau glasierten Kacheln schließen in einem Giebelfirst den Ofen ab. An den Ecken, wo die Krönungskacheln zusammentreffen, gibt es besonders geformte Eckkacheln, nicht selten in Kugelform. Oft verläuft unter dem Giebel noch eine Reihe von Zierkacheln, die wie ein Spitzenbehang den Ofen umgeben.

41 An der Kleidertruhe in der guten Stube, Jaad 1941. Der Stolz jeder Bäuerin waren gefüllte Truhen, deren schönste die reich verzierte Brauttruhe war. In ihr wurden die kostbarsten Trachtenstücke liegend aufbewahrt, denn Kleiderschränke gab es auf dem Land erst seit Ende des 19. Jahrhunderts. Hier ist sogar die Innenseite des Truhendeckels bemalt und mit dem Namen der Besitzerin und einer Jahreszahl versehen. Über der Truhe in der Wand ist die bemalte »Almerei« zu sehen, ein besonderes Schmuckstück der guten Stube.

42 Almerei von 1933, Urwegen.
Aus dem ursprünglich schlichten Wandkästchen für Kleinzeug und Lebensmittel bildete sich mit der Zeit ein eher repräsentatives Möbelstück heraus. Die hölzerne Verschalung wurde nach oben und unten fortgesetzt, bot ausreichend Platz für Auszier und erhielt oft noch einen Krügelrahmen. Im Unterwald waren vor allem Rosenmotive mit weißen Konturen auf blauem Grund vorherrschend. Besonders in Urwegen und Hermannstadt wirkte sich das Bemühen volkskunstfördernder Kreise von Anfang bis Mitte unseres Jahrhunderts aus, so daß die Landbevölkerung sich früher als anderswo ihres Kulturerbes bewußt wurde.

43 Sonntägliches Bockeln, Treppen 1934.
Vor dem »Älmeråichen« in der guten Stube bockelt die Mutter ihre Tochter zum Kirchgang. Der durchsichtige, gestärkte weiße Schleier erinnert an Bilder von flämischen Frauen aus dem 15. Jahrhundert. Durch drei kleine Silbernadeln über den Ohren und ein Gestell am Hinterkopf ergibt sich der nur hier in Treppen übliche, künstlich hochgebauschte, flügelartige Faltenwurf des Tuches.

◁ **44** Bäuerin, Stolzenburg 1934.
Ein hartes, doch erfülltes Leben spricht aus diesem Frauengesicht.

45 Junge Bäuerin mit ihrem Töchterchen, Stolzenburg vor 1945.
Die Pflichten der Bäuerin waren vielfältig und verantwortungsvoll. Neben den Arbeiten in Haus und Hof mußte sie oft dem Bauern bei Feldarbeiten zur Hand gehen. Ihre schönste und dankbarste Aufgabe aber war das Aufziehen der Kinder. An der Hand der Mutter fühlt sich hier auch dieses Kind geborgen. ▷

46 Bäuerinnen beim Brotbacken, Großau vor 1945.
Das Brot war Hauptnahrungsmittel der Siebenbürger Sachsen und wurde zu allen Speisen gereicht. In der Sommerzeit bildete es den wichtigsten Bestandteil des eingesackten Mittagessens auf dem Feld. Der Ersatz für Brot, der Maisbrei, wurde nur als Notbehelf angesehen und als »Gīl Mecheltort« (gelbe Micheltorte) verspottet. Im Durchschnitt wurden alle 10 bis 14 Tage bis zu zehn Laibe zu 4–5 kg Brot gebacken, je nach Familiengröße oder bevorstehenden Festen. Das Teigkneten war eine anstrengende, körperliche Arbeit und blieb den Frauen vorbehalten. Der Rest vom Sauerteig wurde für das nächste Brotbacken aufgehoben.

47 Beim Wasserholen,
Rode vor 1945.
Wer keinen Ziehbrunnen im
eigenen Hof hatte, mußte
seinen Wasserbedarf für
Mensch, Tier und Gartenpflanzen am Dorfbrunnen
decken. Das Wasserholen war
vornehmlich Sache der
Frauen und Mädchen.

48 Am Dorfbrunnen
vor 1945.
Die junge Bäuerin ist gegen
die Mittagshitze durch den
typischen Strohhut über dem
Kopftuch geschützt. Auch an
Werktagen trägt sie ein selbstgewebtes, gereihtes Leinenhemd zum dunklen Rock.
In einem Tonkrug holt
sie vom Ziehbrunnen das
Trinkwasser. ▷

49 Frauen beim »Bechen« (Waschen) an der Kokel, Halvelagen vor 1945. Zwei- bis dreimal im Jahr gab es »große Wäsche«, die mehrere Tage dauerte. Die am Vortag mehrmals mit Aschenlauge übergossene, in großen Bottichen aufgeschichtete Wäsche wurde am Dorfbrunnen oder im fließenden Wasser mit Bleueln geschlagen, gewaschen und gespült. Die Frauen standen dabei bis zum Knie im Wasser.

50 und **51** Beim Waschen, Schlatt vor 1945.
Eine notdürftige, aus Ästen und Brettern errichtete Brücke über den kleinen Bach dient den Wäscherinnen als trockener Standplatz. Eine Holzbank als Unterlage zum »Bleueln« der Wäsche steht im Wasser. Im Hintergrund badet auch das Federvieh.

52 Großes Wäschewaschen an der Kokel, Großalisch vor 1945.
Emsiges Treiben herrschte an diesen Waschtagen! Während die Frauen im Wasser an langen »Schragen« die Wäsche mit selbstgefertigter Seife wuschen, wobei sie durch Strohhüte vor der Sonne geschützt wurden, nahmen auch die Ochsen ein Bad. In großen Bottichen wurde die Wäsche heimgefahren.

53 Maisstrohflechten,
Rode vor 1945.
Die breiten Maisstrohblätter werden vor dem Flechten eingedreht, zu langen Zöpfen geflochten und schließlich zu Schuhen für die Arbeit in Haus und Hof zusammengenäht.

54 und **55** Michelsbergerinnen beim Strohflechten und -nähen, Michelsberg 1989. Aus feinem Stroh flochten die Bäuerinnen dünne Zöpfchen und nähten diese zu Strohhüten zusammen. Früher in Heimarbeit angefertigt, entwickelte sich daraus in den letzten Jahren ein einträgliches Gewerbe, das nach 1945 sogar vom Staat gefördert wurde. Im ganzen Land waren die »Michelsberger Strohhüte« beliebt und wurden auf den Märkten gekauft.

56 Häkelnde Mädchen auf der Gasse, Deutsch-Weißkirch vor 1945.
Schon früh wurden die Schulmädchen zu Handarbeiten angeleitet. Hier entstehen Häkeleinsätze für Bett- und Tischwäsche. Bis zur Konfirmation sollte jedes Mädchen solche Fertigkeit besitzen, daß es sich seine eigene Tracht nähen konnte.

57 Stickende Bäuerin, Leschkirch 1989.
Mit einem runden Stickrahmen arbeitet die Sächsin an einer weißen Schürze in Flachstickerei.

58 Alte Bäuerin beim Sticken um 1930.
Trotz ihrer verarbeiteten Hände bestickt die Bäuerin mit großem Geschick ein Sonntagshemd. War eine Aussteuer fertigzustellen, stickten die Frauen häufig die feinsten Handarbeiten bei schlechtem Licht bis spät in die Nacht.

59 Gereihsel am Halsausschnitt eines Frauenhemdes, 19. Jh.
Die für ganz Siebenbürgen typischste Stickart war die aus dem Mittelalter stammende Handarbeitstechnik der weißen Faltenstickerei, in der Mundart als »Gereihsel« (»Geroihsel«) an der Fest- und Werktagstracht bekannt. Hier wird die ganze Stoffbreite in vielen geometrischen Mustern an Vorder- und Rückenteil des Hemdes mit Reihfäden zusammengehalten (= gereiht). Die vielen Bezeichnungen der verschiedenen Muster zeugen vom Ideenreichtum der Bäuerinnen (z. B. »Pīrschekern«, »Pelsekern«, »Herzblatt«, »Fließendes Wasser«, »Feuerhaken« u. a. m.)

60 Tamburiertes Bockeltuch, Detail, Tartlau 19. Jh.
Nicht nur an Schürzen, sondern auch an weißen und

59 △   61 ▽   60 △   62 ▽

blauen Bockelschleiern aus Tüll entstanden kleine Kunstgebilde, wie hier diese zarten Blumensträußchen. Die Tamburiertechnik ist eine im runden Stickrahmen mit der Häkelnadel senkrecht von oben nach unten und umgekehrt ausgeführte Verzierungsart.

61 und **62** Kreuz- und Zopfsticharbeiten, 19. Jh. Wir finden die im wesentlichen auf deutsche Modelbücher des Mittelalters zurückgehenden Kreuzsticharbeiten in ganz Siebenbürgen auf Tisch- und Bettwäsche und in der Tracht. Der Musterreichtum der sich stets wiederholenden stilisierten Pflanzen- und Tiermotive (Hirsch, Vogel, Blumen usw.) ist unerschöpflich. Häufig entstanden während des Stickens neue Muster, die von Nachbarin zu Nachbarin wanderten.

67

63 Spinnende Bäuerin, Deutsch-Weißkirch 1973. Viele handwerkliche Tätigkeiten verrichteten Bauer und Bäuerin im Freien, immer gerne zu einem Gruß mit den vorbeigehenden Nachbarn bereit. – Mit wievielen Nachbarn kann unsere Bäuerin in Zukunft noch ein Schwätzchen halten?

64 Hanfeinlegen im Keisderbach vor 1945.
Nachdem der Hanf geerntet und gebündelt worden war, wurde er tagelang in nahezu stehendem Wasser »geröstet« (eingeweicht), um ihn geschmeidig zu machen. Anschließend schlugen die Frauen, fast bis zur Hüfte im Wasser stehend, die Bündel in hohem Bogen so lange kräftig ins Wasser, bis die Stengel blank, glatt und weiß wurden. Dieses Hanfwaschen war eine schwere Arbeit.

65 Hanftrocknen, Pretai vor 1945.
Die nassen und schweren Hanfbündel wurden im Dorf gegen die Hauswand gelehnt oder in mehreren Bündeln aufgestellt, wie hier in Pretai, und einige Tage an der Sonne getrocknet. Während des Trocknens verbreitete der Hanf in der ganzen Gegend einen aufdringlichen Geruch. Der Hanfanbau aber war wichtig, erzeugte doch der sächsische Bauer weitgehend alles feine und grobe Leinen für den eigenen Bedarf selbst.

66 Hanftrocknen und -brechen vor 1945.
Die Hanfbündel lehnen hier gegen den Zaun zum Trocknen. Mit der hölzernen Breche hacken zwei Mädchen die Stengel, damit die festen Teile zerbrechen und die harten Hüllen abfallen. Vor der Weiterverarbeitung werden die Strähnen auf ein Seil gehängt (rechts).

67 Hanfschlagen, Lechnitz 1939.
Die getrockneten Hanfbündel wurden in rhythmischen Schlägen gegen den Heubaum oder, wie hier, gegen Holzbänke geschlagen, damit die harte Hülle der Stengel zerbrach und abfiel. ▷

69 Bäuerin beim Arbeiten mit dem Webgatter, Wallendorf vor 1945.
Die schlichte, alte Art des Webens hat sich in Siebenbürgen lange erhalten, wie hier beim Bandweben mit dem Webgatter. Ähnlich wie beim Flechten und Netzen wurde das eine Geflechtende an einer Stelle befestigt, während man freischwebend arbeitete. ▽

68 Hanfbrechen mit der Brechel, Katzendorf um 1935. Selbst alte Frauen halfen bei der Gewinnung der Hanffaser mit. ▷

70 Frauen bei Vorarbeiten zum Weben vor 1945. Vor dem Einrichten des Webstuhls mußte das gesponnene Garn an »Bock und Brettchen« und Spulrad abgehaspelt werden. Bei dem nachfolgenden langwierigen Kettenaufziehen legte der Bauer oft mit Hand an.

71 Beim Weben, Urwegen vor 1945.
Mit unterschiedlicher Garnqualität wurden die Stoffe für feinere Wäsche, Hemden und Kittel, aus gröberem Material die Stoffe für Tischtücher, Bettwäsche und Vorhänge sowie schließlich auch die groben Zwillichsäcke und Pferdedecken gewebt. Aus gröbstem Hanf drehte man Stricke und Seile, aus Stoffresten wurden in jüngster Zeit auch Fleckerlteppiche gewebt. Hier eine Weberin mit dem Unterwälder Brustlatz.

72 Korbflechter, Michelsberg 1960. Soweit wie möglich wurden – und werden auch heute noch – die für die bäuerliche Wirtschaft notwendigen Gerätschaften selbst gefertigt oder beim Dorfhandwerker bestellt.

73 Besenbinder, Reußmarkt 1977. Am Rande des Maisfeldes baute der siebenbürgisch-sächsische Bauer gerne ein wenig Besenkraut an, um die in der Wirtschaft benötigten Besen selbst herzustellen. Dafür konstruierte dieser Bauer eine einfache Besenbindmaschine, mit der er sich in wirtschaftlich schlechter Zeit ein kleines Nebeneinkommen erarbeitete. Das abschließende Nähen der Besen war Frauensache.

74 Heimkehr von der Feldarbeit vor 1945. Mit dem »Kinderwagen« kehrt hier eine sächsische Mutter von der Feldarbeit heim. In der Hand trägt sie einen Wasserkrug und eine grobe Hacke, auf dem Kopf sitzt über dem Tuch der vor Sonne schützende Michelsberger Strohhut.

75 Bauernpaar auf dem
Weg zur Feldarbeit,
Treppen vor 1945.

76 Bäuerin mit Feldwiege vor 1945.
Um ihr Kind auch während der Feldarbeit beaufsichtigen und stillen zu können, nahm die Sächsin eine zusammenklappbare Feldwiege, »Tschok« genannt, mit auf das Feld oder in den Weingarten. Zwischen zwei gegrätschten Holzsteckenpaaren, die oft mit Kerbschnitt verziert waren, spannte man ein besticktes Tuch, in das das Kind gelegt wurde. Ein seitlich herabhängendes Tuch schützte vor der Sonne und Fliegen.

77 Bäuerin hinter dem Pflug vor 1945.
Sonst eine Männerarbeit, mußten in Notfällen auch Frauen und junge Burschen hinter dem Pflug gehen; dieser war oftmals, wie hier, noch ein einfaches hölzernes Gerät.

78 und **79** Pflügender Bauer, bei Lechnitz 1939.
Das anspruchslose, langhörnige ungarische Weißrind war bis zum Ersten Weltkrieg das beliebteste Rind für Feld- und Milchwirtschaft. Es wurde später von der rotgefleckten Pinzgauer und der Simmentaler Rasse aus Tirol verdrängt. Bei den schweren siebenbürgischen Böden mußte der Bauer oftmals vier Zugtiere vor den Pflug spannen.

◁ 80 Kartoffelhacken,
Rode vor 1945.
Die Hackfrüchte, besonders
Kartoffeln, drängten die
Maiskultur in vielen Teilen
des Landes zurück, da sie
höhere Ernteerträge erbrach-
ten. Hier drei Frauen beim
Hacken im Kartoffelfeld. Das
Kleinkind ist in der Feldwiege
gut aufgehoben. Im Hinter-
grund Weingärten.

82 Bäuerin mit Kind auf dem
Feld, Martinsdorf vor 1945.
Der Säugling schläft in der
schön geschnitzten »Tschok«
an der frischen Luft. So kann
die Mutter während der Feldarbeit ihr Kind bei sich
haben. ▷

◁ 81 Bäuerin auf dem Feld,
Rode vor 1945.
Die Sächsin sieht besorgt
nach ihrem Kind in der Feldwiege, um nachher beruhigt
wieder an die Arbeit gehen
zu können.

83 Heuernte im Kokeltal 1935. Während die Bäuerinnen das Heu zusammenrechen, hievt der Bauer die vollbeladene Gabel auf den Heuwagen. Dort sorgt eine Frau für die gleichmäßige Beladung des Leiterwagens.

84 Einbringen der Heuernte, Frauendorf vor 1945. Hochsommerliches Dorfbild in Siebenbürgen.

85 Heuwagen, Großscheuern 1960. In den sechziger Jahren war ein solches Bild selten, denn zu dieser Zeit hatte bereits die Kolchosenwirtschaft begonnen.

86 Maisernte, Waldhütten vor 1945. Kurz vor der Weinlese, zuweilen auch gleichzeitig mit ihr, erfolgte die Maisernte. Die Türken hatten den Mais im 17. Jahrhundert nach Siebenbürgen gebracht, wo er rasch Verbreitung fand und bei Weizenmißernte als »Palukes« die Brotnahrung ersetzte, was ihm den Namen »Türkisch Korn« eintrug. Während der kurzen Herbsttage wurde der Mais in der Regel unentblättert eingeführt und bis tief in die Nacht daheim entblättert (»schīn mochen«).

87 Heimkehr von der Maisernte, Hetzeldorf 1971. Hier ziehen Büffel den vollbeladenen Maiswagen gegen Abend nach Hause. Obenaufsitzende Kinder liebten diese Fahrten, besonders wenn die Felder weitab vom Dorfe lagen. ▷

88 und **89** Getreideernte, Magarei vor 1945.
Das Korn wurde bis zum Zweiten Weltkrieg mancherorts noch mit der Sichel, hauptsächlich aber mit der Sense geerntet. Der Bauer war bemüht, den Weizen so in Mahden zu legen, daß er ordentlich zu Garben gebündelt werden konnte. Deshalb brachte man an die Sense einen Astbogen mit großem Radius an, damit die Kornähren alle in eine Richtung zu liegen kamen.

90 Auf dem Feld, Lechnitz 1939.
Zur Feldarbeit an heißen Sommertagen trug der Bauer seine Werktagstracht aus selbstgewebtem, weißen Leinen, hohe Schaftstiefel und einen breitkrempigen Strohhut. ▷

91 Frauen auf dem Weg zum Feld, Deutsch-Weißkirch vor 1945.
Die in der ersten Hälfte des 19. Jahrhunderts einsetzende Flurbereinigung (Kommassation) in Siebenbürgen löste die einst so fortschrittliche Dreifelderwirtschaft mit ihrem Flurzwang ab. Dadurch wurde der Grundbesitz jedes einzelnen weitgehend zusammengelegt und der »Zerbisselung« (Flurzersplitterung) ein Riegel vorgeschoben. Früher mußten die Bauern kilometerweite Wege zu ihren Feldern zurücklegen. Die Bäuerinnen bringen das Mittagessen auf das Feld. In der Hand tragen sie gefüllte Wasserkrüge, über den Schultern hängen die selbstgewebten Säcke, in denen sie das »Eingesackte«, meist Brot, Speck und gesalzene, rote Zwiebeln verwahren. Nicht umsonst hieß es bei den Bauern: »Båflīsch uch Brīt mächt de Wången rīt«.

92 Haferernte bei Lechnitz 1939.
Auf leichteren, sandigen Schwemmland-Auböden entlang der Bäche wurde Hafer für die Pferdehaltung angebaut. Bei glühender Mittagshitze arbeiten hier die Bauern auf dem Haferfeld.

93 Mittagshitze auf dem Feld, Deutsch-Weißkirch vor 1945.
Die Garben wurden auf Pflöcke oder Haufenstecken in Kreuzform zum Trocknen aufgesteckt. In einem Haufen waren gewöhnlich zwölf Garben. Während die Eltern arbeiteten, suchten die Kinder im Schatten der Haufen Schutz vor der Sonne.

94 Bei der Haferernte, Lechnitz 1939. Nach dem Schnitt wurde der Hafer zusammengerecht. Bundmacher und Garbenbinder folgten; zum Trocknen stellten sie jeweils mehrere Bündel zusammen.

95 Dreschen mit der Dreschmaschine (»Dampfer«) ca. 1935.
Während Buchweizen und Dinkel grundsätzlich mit der Sichel geschnitten und mit dem Dreschflegel ausgedroschen wurden, drosch man Korn und Hafer bereits vor der Jahrhundertwende in vielen Gemeinden mit der Dreschmaschine, wobei sich Freunde und Nachbarn gegenseitig Hilfe leisteten. Um 1880 gab es im fortschrittlichen Rosenau bereits sechs Dreschgarnituren mit Maschinenhallen und Reparaturwerkstätten. In den allermeisten Fällen war die Dreschmaschine Gemeinschaftsbesitz. Bis zum Einsatz von Traktoren in den dreißiger Jahren wurden die schweren »Dampfer« von Büffeln oder Pferden von Hof zu Hof gezogen.

96 Ernte einlagern, Tartlau vor 1945.
Die Kirchenburgen mit ihren vielen Kammern wurden ursprünglich als Zufluchtsort und Aufbewahrungsstätte für Mensch, Tier und Vorrat gebaut. Die Aufgaben dieser Bollwerke während Kriegszeiten gingen bereits seit dem 17. Jahrhundert verloren, sie behielten aber ihre Bedeutung als Vorratsraum bis in unser Jahrhundert bei. Nach der Ernte wurden die manchmal 80 kg schweren Kornsäcke in der Kirchenburg abgeladen und in die Kornkammern eingelagert. ▷

97 Kornkammern in der Kirchenburg von Arkeden vor 1948.
Jeder Hof verfügte in der Kirchenburg über seine eigene Kornkammer. Die mächtigen Kornkisten wurden auf Holzklötze oder Steine zum Schutz gegen Feuchtigkeit aufgebockt.

△ **99** Maiskorb in Marktschelken vor 1945.
Der bis zu 3 m hohe, aus Latten gezimmerte Behälter zum Nachtrocknen von Maiskolben hatte eine Grundgröße von ca. 1 × 4 m. Er ruhte auf einem massiven Holzgestell und trug ein vorkragendes Dach. Die Gestaltungsfreude der Siebenbürger Sachsen zeigt sich sogar an der Auszier dieser reinen Zweckbauten. Die natürlich gewachsenen, gebogenen Hölzer dienen hier nicht nur der Verstärkung des Gerüstes, sondern sind gleichzeitig Schmuckelemente.

98 Maisspeicher, Meschen vor 1945.
Mais, auch »Türkisch Korn« oder »Kukuruz« genannt, hatte für Mensch und Tier in Siebenbürgen große Bedeutung. Die Kolben kamen zum Nachtrocknen in hohe, eigens dafür vorgesehene Maisspeicher. In Meschen prägten sie zusammen mit Giebelfronten und Zäunen das Dorfbild. Parallel zur Häuserfront lief der Dorfgraben, über den zu jedem Haus ein eigener kleiner Steg führte.

100 Krautholen, Salzburg (Österreich) 1970.
Der »Kampest« war neben rohen Zwiebeln reiche Vitaminquelle der Siebenbürger Sachsen während des Winters. Jeder Hof hatte seinen Krautgarten. Gesunde Krautköpfe wurden unzerteilt in mächtige Bottiche eingelegt, die bis zu hundert Stück fassen konnten. In die kegelförmig ausgehöhlten Strünke kam fein zerklopftes Steinsalz, als Gewürz Dill und Eisenkraut, dann wurde der ganze Bottich mit Wasser angefüllt. Die »Gech« (Krautsuppe) wurde mehrmals durch eine am Bottich angebrachte »Pip« (Ausguß) abgezogen und oben gleich wieder hineingeschüttet, wodurch sie eine natürliche Milchsäuregärung mitmachte. Bis tief in das Frühjahr hinein blieb das Kraut auf diese Weise frisch. Es bildete ungekocht, wie eine Melone in Scheiben geschnitten, die beliebte Beilage zu jedem Fleischgericht. Natürlich konnte es auch geschnitten und gekocht oder in ganzen Blättern zu »Gefülltem Kraut« verarbeitet werden. Diese Sitte nahmen die Siebenbürger Sachsen bei der Auswanderung auch in die neue Heimat mit.

101 Im Speckturm, Meschen 1986.
Bis heute haben sich in vielen Dörfern Siebenbürgens in der Kirchenburg sogenannte Specktürme erhalten. Dort wurde der eingesalzene Speck, ein Hauptnahrungsmittel der »Specksachsen«, luftgetrocknet. In Schwarten, die über einen Meter lang sein konnten und mit Hausnummernschildern versehen waren, hing hier der bis zu 15 cm dicke Speck der ganzen Gemeinde.

102 Speckholen, Meschendorf vor 1945.
An einem bestimmten Tag, meist war es der Sonntag, gingen die Bäuerinnen gemeinschaftlich den Wochenvorrat an Speck aus dem sonst von der Burghüterin oder dem Burghüter abgeschlossenen Speckturm holen. Auch heute noch kann man dieses allwöchentliche Ritual in manchen Landgemeinden beobachten.

103 Speckstempeln, Meschendorf vor 1945.
Die Anschnittstelle des Specks wurde mit einem hauseigenen Speckzeichen, einer eisernen, dem Viehzeichen ähnlichen Stanze, gestempelt, damit jeder seine Speckseite wiedererkennen konnte.

Seite 98
104 Heimkehr von der Obsternte, Windau 1930.
Mit selbstangefertigten Steigleitern und langen Stangen holte man im Herbst das Obst von den Bäumen. Daheim wurde es im Keller aufbewahrt oder in dem fast ausgekühlten Backofen nach dem Brotbacken gedörrt. Aus dem Fallobst brannte man Schnaps, preßte Most oder gewann daraus Essig. Aus den Zwetschgen machte man Marmelade, oder sie kamen in die Maische. Zur Vorratswirtschaft gehörten auch Nüsse, die es in großen Mengen beinahe auf jedem Hof gab.

Seite 99

105 Weinlese, Birthälm vor 1945.
Die Kultur der Rebe ist für Siebenbürgen urkundlich erstmals im Jahre 1206 belegt. Es gilt als sicher, daß sie bereits von den ersten Siedlern aus ihrer moselfränkischen Urheimat mitgebracht wurde. Das klimatisch günstigste und größte Weinanbaugebiet ist das sogenannte Weinland zwischen Kleiner und Großer Kokel. Nach der Freigabe der Weingärten durch das Bergamt erfolgte die gemeinschaftliche Weinlese um den Gallustag. Durch fröhliches Zurufen und Gesang wurde dieses Ereignis zu einem Fest des ganzen Dorfes.

106 Im Weingarten, Birthälm 1945.
Die beiden Männer schütten frisch gepflückte Trauben in einen Bottich und zerstampfen sie mit einem großen Quirl zu Maische. Es sollte kein Tropfen verlorengehen, bildete doch der Wein in vielen Gegenden die Lebensgrundlage der Bauern. Zudem galt seit altersher das »flüssige Gold« bis ins 16. Jahrhundert als Preismesser, wobei die Geldsumme für irgendeinen Warenaustausch durch den Preis eines Eimers Wein angegeben wurde. Bis in die jüngste Zeit wurden auch Vergehen gegen die Nachbarschaft mit Wein abgegolten und die Adjuvanten bezahlt.

107 Arbeiten im Weinberg vor 1916.
Alt und Jung waren rund um das Jahr im Weinberg beschäftigt. Eine wichtige Arbeit im Frühjahr war das Auswechseln oder Umdrehen der schadhaften, angespitzten, 2–3 m hohen Pfähle und das Girten, d. i. das Festbinden der ausgegrabenen Weinreben an die Stecken (Pfähle). Dafür verwendete man mancherorts das knotenlose, nach dem Einweichen schmiegsame Dinkelstroh.

108 »Mostzurpen«, Birthälm vor 1945.
Während der Weinlese durften die Kinder sogar rauchen; aber die trockenen, in Zeitungspapier gewickelten Weinrebenblätter verursachten eher ein furchtbares Husten, denn einen Genuß. Beim »Mostzurpen« hingegen suchten sich die Kinder einen Hanfstengel, mit dem sie den frischen, süßen Most aus dem Bottich sogen. Oft mußte dann ein Stamperl Schnaps gegen Bauchschmerzen helfen.

109 Weinkosten, Birthälm vor 1945.
Der siebenbürgische Bauer ist ein guter Weinkenner. Sein Wein ist schwer und eher süß als herb. Zu den bekanntesten Weinsorten gehören: Resser, Mädchentraube, Muskateller, Traminer, Sylvaner Gutedel, Riesling, Burgunder, Ruländer, Kokelperle usw. Allein das Kriegsweinjahr 1942 zählte bei der Weinprobe in Mediasch 18 Sorten Wein.

110 Schafe melken, bei Baassen 1973.
Die Schafhaltung war im deutschen Siedlungsgebiet Siebenbürgens gering. Die Schafherden gehörten aber fest zum Landschaftsbild der Karpaten. Man hielt Schafe, wo Schafweiden vorhanden waren. Die Südkarpaten verfügten über vorzügliche Gebirgsweiden bis zur Höhe von 2500 m. Im Sommer blieben die Schafe ständig im Freien unter der Obhut von Bergrumänen (»cioban«). Der Schafhirte wurde vom Dorf gemeinschaftlich gedungen und in Naturalien bezahlt. Der einzelne Schafbesitzer konnte während einer Melksaison so viel Milch für sich beanspruchen, wie ihm anteilsmäßig beim ersten offiziellen Melken vor der Weidezeit zugekommen war. Direkt von der »stîna« (Hirtenunterstand), wie hier im Bild, holte man sich nicht nur Milch, sondern auch den beliebten Schafskäse (brînza), den man gerne zu Palukes (Maisbrei) aß. Die Schafe lieferten Wolle für den Eigenbedarf und zu Ostern und Pfingsten den begehrten Lammbraten.

111 An der Viehtränke, Windau 1939.
In jedem Dorf gab es eine oder mehrere Viehtränken. Jede von ihnen hatte eine eigene Bezeichnung. Sie wurden von der Gemeinde unterhalten und bestanden aus Holz- oder Betontrögen, an denen bis zu 20 und mehr Stück Vieh getränkt werden konnten.

112 Zuchtsau mit Ferkeln, Wallendorf 1945. Schweinehaltung und Schweinezucht spielten in Siebenbürgen eine große Rolle. Als einheimische Rasse war seit der 2. Hälfte des 19. Jahrhunderts besonders das Baaßener Schwein bekannt, eine glückliche Kreuzung zwischen der ungarischen Mongoliza-Rasse und dem Berkshire-Schwein. Die bis zu 250 kg schweren Tiere wurden hauptsächlich mit Mais, Eicheln sowie Gerste gefüttert und ergaben den beliebten, festen Siebenbürger Speck. In der Repser Gegend wurden die Schweine in den nahen Eichenwald getrieben. Die Absatzmärkte für Schweine reichten von hier bis Wien, Prag und Dresden. Als russische Soldaten Siebenbürgen besetzten, waren allein im Burzenland 40000 Schweine mit einem Gewicht von je 160 kg für die Ausfuhr gemeldet.

113 Büffelherde um 1930. Der ursprünglich aus Afrika stammende Büffel war im Sommer ein Bestandteil der siebenbürgischen Landschaft und überall auf Hut- und Brachweide zu finden. Seine Zahl betrug 1944 noch etwa 200000. Sein Blick ist ebensowenig vertrauenerweckend wie die schwarze, spärlich behaarte Gesamterscheinung; sein Fleisch ist von minderer Qualität; außerdem ist er oft bockig und eigensinnig, was Anlaß zu unzähligen fröhlichen Geschichten ist. Doch als Zugtier entwickeln die Büffel unglaubliche Kräfte, zudem sind sie überaus genügsam, und die Büffelkuh liefert zwar wenig (5–6 Liter pro Tag), dafür aber sehr fette Milch (bis zu 9%). Die trägen Büffel suhlen sich gerne wiederkäuend im Sumpf oder im Wasser, bis sie gegen Abend als letzte der Viehherden dem Dorf zutrotten.

Seite 106
114 Landlerin mit Blumen auf dem Hermannstädter Markt 1990.
Bis in die Gegenwart bieten die Neppendörferinnen mit ihren zweirädrigen Handkarren, die sie selbst auf den Markt am Zibinfluß rollen, die bunte Blumenpracht zum Verkauf an. Die Landlerin auf dem Bild trägt die für sie typische Tracht.

115 (Seite 107) und
116 (rechts) Markttag in Hermannstadt 1939.
Bis zur Einführung der Kollektivwirtschaft nach dem Zweiten Weltkrieg waren die sächsischen Märkte Handelsort und Treffpunkt in einem. Hier verkaufte der Bauer seine frischen landwirtschaftlichen Erzeugnisse wie Gemüse, Obst, Milchprodukte, Honig, Eier, Blumen und Federvieh; gleichzeitig kaufte er all das ein, was nicht im eigenen Haushalt erzeugt und doch zum Leben benötigt wurde. Die Märkte waren notwendige und beliebte Begegnungsstätten für Stadt und Land und für die verschiedenen Völkerschaften. Besonders die Landbevölkerung freute sich schon lange Zeit vorher darauf und verband die Marktfahrt häufig

mit Konsultationen bei Arzt und Rechtsanwalt. Zum Marktbild gehörte der Bauer mit seinem Zweisack ebenso wie der große Leiterwagen, auf dem die Bauern zum Markt fuhren.

117 Wochenmarkt in Sächsisch-Regen vor 1945. Neben Bistritz war Sächsisch-Regen der zweitgrößte Handelsmittelpunkt im Nösnerland. Zum Wochenmarkt strömten aus den umliegenden Landgemeinden Sachsen ebenso wie Ungarn, Szekler, Rumänen und Zigeuner. Hier kauften die Städter Lebensmittel für den täglichen Bedarf, und manch sächsischer Haushalt fand hier seine beliebte, saubere und willige Szekler Magd oder Köchin. ▽

118 Wochenmarkt in Bistritz 1933.
Die sächsische Bäuerin wartet auf Käufer für ihre Hühner und hat nebenbei Unterhaltung mit den Vorbeiziehenden.

119 Markt, Hermannstadt 1971.
Früher versorgten sich die Bauern auf den Jahrmärkten mit dem notwendigen Hausrat und anderen größeren Anschaffungen. Die Mädchen erhielten hier ihre Aussteuer. Selbst heute noch bieten auf den Wochenmärkten, wie hier in Hermannstadt, kleinere Handwerker ihre Waren feil, etwa Körbe, Besen, Korbsessel, Teppichklopfer, Töpferwaren und Kurzwaren.

120 Rahmverkäuferinnen, Hermannstadt 1939.
Appetitlich in weiße Mäntel gekleidet, verkaufen sächsische Bäuerinnen auf dem Wochenmarkt in Hermannstadt ihre Milchprodukte. In hellemaillierten Milchkannen und Töpfen brachten sie die dicke, fette Büffelmilch und boten gern den Vorübergehenden aus Schöpflöffeln Kostproben vom Rahm an. Die aus der Büffelmilch gewonnene Butter war ungewohnt weiß; sie wurde ebenso wie der Topfen (Quark) in weißen Leinentüchern zum Verkauf angeboten.

121 Auf dem Wochenmarkt in Bistritz 1939. Das Bild bietet durch die allgemein getragenen, breitkrempigen Strohhüte einen einheitlichen Eindruck, der das bunte und laute Gemisch von Gerüchen und Sprachen überdeckt. Im Vordergrund bieten sächsische Bäuerinnen ihre Waren in Leinensäcken an.

DORFGEMEINSCHAFT

Nachbarschaft

Die sächsische Nachbarschaft war in allen, auch in nur teilweise deutsch besiedelten Gemeinden die konsequenteste *soziale Organisation* der Siebenbürger Sachsen für gegenseitige Hilfeleistung in Freud und Leid, für die Aufrechterhaltung der öffentlichen bürgerlichen Ordnung und Sicherheit sowie für die Pflege von Sitte und Brauch, ganz besonders des kirchlichen Lebens in der Gemeinde. Sie hat sich durch Jahrhunderte erhalten und bewährt und erzog durch Generationen einen Gemeinsinn und eine Hilfsbereitschaft, die vielen bei Katastrophenfällen zum Überleben verhalfen – nicht zuletzt in den Jahren nach 1945. Als ein lebendiger und selbständiger Organismus besorgte die Nachbarschaft all die vielen Dinge, die heute weitgehend ein zentralisierter und komplizierter Verwaltungsapparat zu versehen hat, im eigenen Wirkungskreis und in Eigenverantwortlichkeit. Zwei besondere Zwecke standen von alters her im Mittelpunkt des nachbarschaftlichen Verbandes: die Pflege des gemeinsamen Brunnens und die würdige Ausgestaltung der Totenfeier. Wie in einer großen Familie hatte jeder Nachbar Anrecht auf Hilfe mancherlei Art, sooft er »etwas Schweres zu heben hat, so ihm allein zu schwer ist, es möge sein was es wolle, zu Ehren, Freud oder Bekümmernis« (Nachbarschaftsartikel der Dorfgemeinde Pretai). Weitere wichtige Aufgabenstellungen waren der Beistand beim Hausbau, Hilfe bei Krankheit, gemeinsame Vorkehrungen gegen Feuersgefahr, Hilfe bei Hochzeiten, Geburt und Taufe, Regelung des Weinschanks, Hilfe bei Unglücks- oder Katastrophenfällen, Schlichtung von Streitigkeiten u. a. m. In unserem Jahrhundert erhielt die Mithilfe beim Bau des großen Gemeinschaftshauses (»Saal«) für die Abhaltung von großen Hochzeiten oder anderen Festen sowie die Mithilfe beim Kirchenrenovieren großes Gewicht.

Trotz vieler Einflüsse von außen konnten sich die Nachbarschaften vor dem Aufgehen in der Zunft oder der Gemeindeverwaltung bewahren und an ihrem religiösen Grundzug festhalten. Jede Nachbarschaft war der *geistlichen Oberaufsicht* unterstellt (Pfarrer, Konsistorium, Presbyterium), oberste Instanz war der freigewählte *Nachbarschaftsvater* oder *-hann*, dem etliche Gehilfen zur Seite standen. Der Nachbarschaft gehörten ausnahmslos *alle* verheirateten und hofbesitzenden Männer an, die sich kurz nach der Hochzeit »einkaufen« bzw. »einbitten« mußten. Erst sehr viel später organisierten sich die Frauen in einem ähnlich straffen Zusammenschluß. Alle Rechte und Pflichten der Nachbarschaft waren durch zunächst mündlich tradierte Gewohnheitsrechte, später jedoch schriftlich niedergelegte und oftmals überarbeitete, strenge Gesetze, die *Nachbarschaftsartikel*, geregelt. In ihnen ist stets von der Verantwortung die Rede, die die Nachbarn füreinander tragen, und von den Diensten, die sie einander schuldig sind. Diese Statuten wurden auf dem alljährlich stattfindenden »Sitt- oder Richttag«, meist am Aschermittwoch, bei geöffneter Nachbarschaftslade vorgelesen, danach Gericht gehalten, Strafen verhängt und Bußen geregelt. Dieser Tag war ein Höhepunkt des gesellschaftlichen Lebens, in manchen Orten wurde tagelang mit Umzügen, Maskierungen, Mummenschanz und Festgelagen gefeiert. Es war »die Zeit, wenn die Sachsen überschnappen«, pflegten die Ungarn zu sagen. Zu den regelmäßigen, von den Artikeln vorgeschriebenen Versammlungen durften nur die Männer, also die Nachbarn, erscheinen, aber an den geselligen Unterhaltungen der Nachbarschaft nahmen alle übrigen Hausbewohner teil.

Jeweilige »wandernde« *Nachbar(schafts)zeichen*, meist aus Holz oder Messing schön geschnitzt, gra-

122 Paradeisverkäuferinnen, Hermannstadt 1939. Lief der Wochenmarkt in Hermannstadt früher auf dem Großen Ring im Zentrum der Stadt ab, wurde er später auf den Kleinen Ring und nach dem Zweiten Weltkrieg an den Zibin verlegt. Auch die hier noch zu sehende barocke Brunnenstatue des heiligen Nepomuk, um die sich das Marktleben abspielte, ist heute verschwunden. So hat sich mit dem Wandel des äußeren Stadtbildes auch die Bedeutung des Marktes geändert. Hier bieten Mutter und Tochter in großen runden Weidenkörben (»Fälpes«) Paradeiser (Fleischtomaten) an.

viert oder gegossen und mit Inschriften oder Figuren versehen, stellten die Verbindungen von Familie zu Familie her. Mit ihrer Hilfe wurden Anordnungen des Nachbarschaftshannen reihum verlautbart oder zu einer Versammlung eingeladen. Wer das Zeichen bekam, mußte es so rasch wie möglich samt der mündlichen oder schriftlichen Nachricht dem nächsten Nachbarn weitergeben.

Faßte man in den Städten die Nachbarschaften nach naheliegenden Straßenzügen zusammen, so teilte man die Dörfer zumeist in zwei bis sechs Nachbarschaften auf. Nicht nur in der Stadt, auch auf dem Land unterschied sich das Nachbarschaftsleben von Ort zu Ort.

Die ersten urkundlichen Erwähnungen von Nachbarschaften fallen in die Jahre 1533 (Kronstadt), 1563 (Hermannstadt) und 1601 (Schäßburg). Durch einen Erlaß des ungarischen Innenministeriums verloren die sächsischen Nachbarschaften 1891 ihre rechtliche Funktion. Unbeschadet dessen setzten sie ihre Tätigkeiten fort. In den Dörfern Siebenbürgens besteht heute noch eine nicht institutionalisierte Nachbarschaft, die das Brauchtum pflegt und nachbarschaftliche Hilfe leistet. Auch im Westen etablierten sich bei den Aussiedlern vereinzelt Nachbarschaften, die jedoch nach den schwierigen Aufbaujahren nach 1945 heute weitgehend gesellschaftliche Aufgaben erfüllen.

Bruder- und Schwesterschaft

Die Erwachsenen waren also fest eingebunden in die Nachbarschaft; dagegen galt für die Jugend eines Dorfes eine andere, in genossenschaftlicher Selbstverwaltung geordnete und ebenfalls durch strenge Gesetze geregelte kirchliche Gemeinschaft als verpflichtend, die Bruder- bzw. Schwesterschaft, wobei letztere in Anlehnung an die Bruderschaft erst im 19. Jahrhundert allgemein eingeführt wurde. Alle aus der Schule entlassenen und konfirmierten Burschen und Mädchen (Knechte und Mägde) gehörten dieser Institution bis zu ihrer Verheiratung bzw. bis zum 24. Lebensjahr an; erst dann konnten sie in die Nachbarschaft übertreten. Die Bruderschaft gründete sich auf das mittelalterliche Gesellenbruderschaftswesen der städtischen Zünfte, das wiederum auf geistliche Bruderschaften bzw. älteste religiöse Jugendverbände aus der Zeit der Auswanderung zurückreicht. Die *Aufsicht* über die Bruderschaft/Schwesterschaft hatte der Pfarrer. Die Leitung und Verwaltung oblag den jährlich frei gewählten Beamten (Amtsknechte, Amtsmägde), die jeweils mit einem ganz fest umrissenen Aufgabenbereich betraut wurden. Diese Amtleute regelten mit Hilfe der *Bruderschafts-* bzw. *Schwesterschaftsartikel* das kirchliche und weltliche Leben der in einer Art Pflichtzwang zusammengeschlossenen Jugend. Zuwiderhandeln wurde bestraft. Haupt der Bruderschaft war der *Altknecht*, der bei allen Versammlungen den Vorsitz führte und bei den monatlichen Zusammenkünften (»Zugängen«) Recht sprach. Pflichten der Brüder bis zum Eintritt in die Nachbarschaft waren u. a. die Teilnahme an der Beerdigung eines Bruders, regelmäßiger Besuch des Gottesdienstes, Teilnahme am Abendmahl nach vorangegangenem »Versöhnabend«, Beteiligung an festlichen Umzügen wie das Einholen eines neuen Pfarrers oder des Bischofs zur Kirchenvisitation; hierbei empfing man den kirchlichen Würdenträger meist mit einem Banderium (Reitergruppe) und geleitete ihn zum Pfarrhaus. Die Bruderschaft war verantwortlich für Ehrbarkeit der Brüder und Ordnung im täglichen Leben, besonders bei geselligen Veranstaltungen, in der Rockenstube und beim Tanz. Durch Gemeinschaftsarbeiten hatten sie die Bewirtschaftung der Pfarrgrundstücke einschließlich des Weinbergs zu unterstützen, im Frühjahr vor der beginnenden Feldarbeit die Feldbrunnen auf der Gemeindeflur für Mensch und Tier zu reinigen. Im Volksleben gründete die Pflicht, Feste (mit)zuveranstalten, besonders die mehrmals jährlich abgehaltenen »Gebotenen Irtentänze« (verpflichtende Ehrentänze) durchzuführen, bei denen jeder eingegrüßte (aufgenommene) Knecht und jede eingegrüßte Magd dabei sein mußten, jedes Mädchen einzeln in deren Elternhaus vom Anführer mit feststehender Rede dazu eingeladen wurde und beim Tanz nie sitzen bleiben durfte. Ferner galt es, die Pfingstkönigin zu wählen oder die Johanniskrone aufzurichten. Parallel dazu liefen die Rechte und Pflichten in der Schwesterschaft. Durfte ab dem feierlichen Aufnahmezeremoniell in die Bruderschaft der neue Knecht als äußeres *Zeichen des Erwachsenwerdens* den Kirchenpelz zum Kirchgang tragen, so trugen ab diesem Zeitpunkt die Mägde bis zu ihrer Heirat den Borten auf dem Kopf, einen zylinderähnlichen, festlichen Kopfschmuck aus schwarzem Samt. Brüder und Schwestern waren wie in einer großen Familie gleichberechtigt, die in Freud und Leid zusammenhielt, und für die Gehorsam, Respekt gegenüber dem Alter, Frömmigkeit und Sittsamkeit als besondere Werte galten; auch die feststehenden »Worte«, die bei besonderen Gelegenheiten gesprochen wurden, hoben stets den christlichen Sinn des Anlasses hervor und brachten durch Ehrerbietung, Anteilnahme und Freundlichkeit zum Ausdruck, daß man in geschwisterlicher Gemeinschaft miteinander leben wollte. Bei völliger Wahrung der Individualität – um sie auszuformen, gab es Spielraum genug – ging es um Einordnung. Die Achtung der dem Menschen eigenen Würde diente nicht der Selbstverwirklichung der Persönlichkeit, sondern »der Gliedschaft am Leibe der Gemeinde« (Albert Klein).

Die Bruderschaft hatte besonders nach dem Ersten Weltkrieg viel an Straffheit eingebüßt. Auf Drängen der Volksgruppenführung wurde sie 1942 aufgelöst, lebte nach 1945 für kurze Zeit wieder auf und wurde 1958 als Institution aufgehoben. Ähnlich wie bei der Nachbarschaft aber haben sich Formen der Bruder- und Schwesterschaft bis heute erhalten, die vor allem bei traditionellen Anlässen (Hochzeit, Beerdigung, Geselligkeit) und im Brauchtumsleben zum Tragen kommen.

Vereine

Neben den festgefügten Körperschaften von Nachbarschaft, Bruder- und Schwesterschaft, in die jeder einzelne hineingeboren wurde bzw. hineinwuchs, gab es eine Reihe von Vereinen, die sich von Dorf zu Dorf in Anzahl und Ausrichtung unterschieden. Sie alle waren relativ junge Einrichtungen und gingen im wesentlichen auf das 19. und 20. Jahrhundert zurück, wobei sie zuweilen ehemals den Nachbarschaften bzw. den Zünften in den Städten und Märkten zugehörige Aufgaben übernahmen bzw. diese erweiterten. Reges geistiges und wirtschaftliches Leben führte zu den ersten sächsischen Vereinen in den Städten: z. B. Landeskundeverein (1840/41), Landwirtschaftsverein (1845), erste Gewerbevereine, Kronstädter Allgemeine Sparkasse (1835) und ihre Schwesteranstalt in Hermannstadt (1841). Bei der engen Verzahnung von Stadt und Land in Siebenbürgen blieb es nicht aus, daß sich das Wirken all dieser Vereinigungen auch auf das Land erstreckte. Beredtes Zeugnis dafür gaben die mehrtägigen, stets im Sommer abgehaltenen »Vereinstage« unter Mitwirkung des evangelischen Bischofs und zahlreicher hoher Gäste aus Deutschland. Diese Tage fanden abwechselnd in einer Stadt oder größeren Marktgemeinde unter Beteiligung von mehreren tausend Menschen aller Kreise aus allen Teilen des Landes statt.

Aus der Fülle der Vereine, die das dörfliche Leben mitprägten, seien hier nur stellvertretend die wichtigsten genannt:

der seit Mitte des 19. Jahrhunderts nahezu in jedem Dorf anzutreffende, kirchlich geprägte *Frauenverein* mit seinen vielen sozialen Aufgaben, die *Freiwilligen Feuerwehren*, der *Siebenbürgisch-Sächsische Landwirtschaftsverein* mit seinem segensreichen wirtschaftlichen und kulturellen Wirken, besonders durch sein Fachorgan »Landwirtschaftliche Blätter«, seinen »Pflug«-Kalender sowie die drei von ihm angeregten Ackerbauschulen; dazu die *Raiffeisenvereine*, deren etwaige Reingewinne für gemeinsame wirtschaftliche Zwecke verwendet wurden, der volkstümliche *Gustav-Adolf-Verein*, der um die Jahrhundertwende schon 253 Ortsvereine mit 52 000 Mitgliedern zählte, die vielen *Turnvereine, Theatervereine, Jagdvereine, Chöre* und *Blasmusikkapellen*, die man Adjuvanten oder Turner nannte.

Kirche und Schule

Der Dreiklang von *Volkstum, evangelischem Glauben* und *deutscher Bildung und Wissenschaft* ist für jeden Siebenbürger Sachsen noch heute selbstverständlich, fällt aber jedem Außenstehenden als bemerkenswert auf. Das noch bis zum Zweiten Weltkrieg mehr oder weniger intakte Gefüge der *Volkskirche* war zweifellos das Ergebnis der geschichtlichen, theologischen, politischen und nationalen Entwicklung während der zweiten Hälfte des 19. Jahrhunderts, reicht mit seinen Wurzeln jedoch in frühere Jahrhunderte, ja bis vor die Reformation zurück.

Der wohl ausgeprägteste Wesenszug der Volkskirche war die schon sehr früh bezeugte Funktion als Beschützerin und Förderin der Kultur und Bildung, besonders des Schulwesens. Schon bei der engen Verbindung von humanistischer Gesinnung und reformatorischem Gedankengut läßt sich dieses Merkmal erkennen. Die Reformation bewirkte unter anderem, daß allenthalben Schulen gebaut wurden, wozu der Kronstädter Humanist Johannes Honterus (1498–1549) entscheidend beigetragen hat. 1544 wurde das Gymnasium in Kronstadt wiedereröffnet, zeitgleich dasjenige in Hermannstadt erweitert, und

1551 kam das Gymnasium von Bistritz hinzu. Schäßburg und Mediasch folgten erst später. Sie alle wurden Jahrhunderte hindurch Pflegestätten deutscher Bildung, stets genährt durch die Anteilnahme an geistigen Strömungen im binnendeutschen Raum und durch den Besuch vieler Gymnasialabsolventen vorwiegend auf deutschen, österreichischen und italienischen Universitäten. Weil in Siebenbürgen keine Universität bestand (erst 1949 kam es zur Gründung eines theologischen Instituts mit Universitätsgrad in Hermannstadt), herrschte dieser geistige Austausch mit kurzen Unterbrechungen bis 1944 vor. Dadurch blieben die Siebenbürger Sachsen bis in die jüngste Gegenwart stets allen wichtigen kulturellen und wissenschaftlichen Strömungen des Westens verbunden.

Unzählige Prediger und Landschulmeister wurden in den sächsischen hohen Schulen ausgebildet! Der intellektuelle Nachwuchs seinerseits rekrutierte sich zu einem nicht unerheblichen Teil aus Bauernkindern, die im Notfall von der Kirchengemeinde finanziell gefördert wurden. Schon zu Honterus' Zeiten hieß es nämlich: »Seines armuts halben sollte kein knab von der schul ausgeschlossen werden.« Schon 1722 wurde auf dem Königsboden die allgemeine Schulpflicht gesetzlich eingeführt – 150 Jahre vor England und früher als in den deutschen Ländern.

In der zweiten Hälfte des 19. Jahrhunderts erfolgte auf der überlieferten geistigen Grundlage die Umgestaltung der Volkskirche. Bis dahin hatte sich durch drei Jahrhunderte die kirchliche Einheit mit der politischen weitgehend gedeckt. Durch die endgültige Zertrümmerung des Königsbodens 1876 wurde der politische Volkskörper der Sachsen zerschlagen. Eine neue Kirchenverfassung gewährleistete die freie Wahl der kirchlichen Körperschaften. Die Zentralisation der kirchlichen Verwaltung, des Rechtswesens und des Schulwesens erfolgte, Hermannstadt löste Birthälm als Bischofssitz ab; trotzdem blieb die kirchliche Eigenständigkeit der Gemeinden gewahrt. Zu den wesentlichen Merkmalen der siebenbürgisch-sächsischen Volkskirche gehörte die Wahrnehmung der nationalen Belange. Das durch den Ausgleich zwischen Österreich und Ungarn bedrohte Volkstum der Sachsen bewirkte, daß deutsche Art und evangelischer Glaube weithin als entsprechende Größen angesehen wurden. Die heimische Geschichtsforschung – vornehmlich von Pfarrern und Lehrern betrieben – erhielt großen Aufschwung. Die Kirche wurde alleiniges Symbol der Einheit der Siebenbürger Sachsen, die durch den Sachsenbischof repräsentiert wurde. Pfarrer und Lehrer waren in dieser Zeit Träger des geistigen und kulturellen Lebens sowie wichtigste Mitarbeiter in wirtschaftlichen Vereinigungen; sie fühlten sich als Führer ihrer Landsleute, deren Selbstwertgefühl sie zu stärken trachteten. Die Aufhebung der politischen Autonomie hatte also nicht Resignation zur Folge, sondern das Gegenteil trat ein! Die sächsische Volkskirche um 1900 stellte sich dar als ein »Ereignis des Kulturprotestantismus des 19. Jahrhunderts«, »ihre grundlegenden Wesensmerkmale sind ihr Rechtsgefüge, ihre nationale Gesinnung und das Streben nach dem Ausgleich von kultureller Tätigkeit und religiösem Empfinden« (Ludwig Binder).

Das Gefüge der Kirche blieb auch nach dem Ersten Weltkrieg im wesentlichen gewahrt. Im Zuge der ersten rumänischen Agrarreform 1921 verlor die in eine öffentliche Stiftung umgewandelte Nationsuniversität ihren umfangreichen Waldbesitz und die unbebauten Grundstücke. Damit entfiel eine wichtige Finanzierungsquelle für das deutschsprachige Schulwesen. Der Unmut der Bevölkerung war groß, denn nun mußten die Sachsen selbst die finanziellen Mittel zur Erhaltung von Kirche und Schule aufbringen. Trotzdem blieben die Schulen mit der Kirche verbunden.

Die *Dorfschulen* vermittelten im wesentlichen die Elementarkenntnisse des Wissens. In vielen Orten gab es nur eine bis zwei Schulklassen mit mehreren Schulstufen. Die Kinder besuchten die Volksschule vom 6. bis zum 15. (Knaben) bzw. bis zum 14. Lebensjahr (Mädchen). War die *Erhaltung von Kirche und Schule* auch ausschließlich Sache der jeweiligen Gemeinde, so war dies bloß möglich durch zahlreiche Stiftungen und Unterstützungen, auch aus dem Ausland. Die Dotationen der sächsischen Geldinstitute brachten als eine Art Tatchristentum große Hilfe. Erst 1940 kam es zu grundlegenden Umwandlungen, als das Schulwesen von der Deutschen Volksgruppe in Rumänien übernommen wurde, die kirchlichen Jugendverbände aufgelöst und die Rechtsbefugnisse der Kirche eingeschränkt wurden. Die politischen Umwälzungen des Zweiten Weltkriegs begründeten u. a. den radikalen Anspruch, die überlieferten christlichen Glaubensgrundlagen aus dem Leben des Volkes auszuschalten. Daß dies freilich nicht gelang, davon zeugen bis in unsere Tage die Besinnung und Konzentration auf die wesentlichen Inhalte des christlichen Glaubens in veränderter Umwelt. Die Schulen wurden allerdings 1948 verstaatlicht und somit der kirchlichen Obhut entrissen; die meisten von ihnen, auch in den Dörfern, konnten den Unterricht bis in die jüngsten Jahre in deutscher Sprache abhalten.

Im Umkreis der Kirchenburgen hoben sich der Pfarrhof, die Schule, die Lehrerwohnungen und der Gemeindesaal, meist an die Schule angebaut, von den umstehenden Gebäuden deutlich ab. Diese bauliche Anordnung bringt zum Ausdruck, daß die Schule unter den Fittichen der Kirche stand. Für beide, als geistige Ausprägung seines Kulturstrebens, bestimmte der sächsische Bauer die schönsten Plätze seines Ortes, seines Tales. Die Kirche bedeutete ihm nicht nur Glaubens-, sondern im besonderen Maße auch Lebensordnung. In ihr waren Sitte und Brauch, Anschauungen und Lebensgewohnheiten begründet.

Die *Kirchenbauten* selbst zeugen heute noch in Bau und Innenausstattung von ihrer wechselvollen Geschichte. Auch wenn die Kirchenburgen in den vergangenen Jahrhunderten ihre Wehrfunktion nicht mehr ausspielen mußten, so geben alle bisherigen, oft mühsam finanzierten und unter schwierigsten Begleitumständen vorgenommenen Instandsetzungsarbeiten Kunde vom Selbstverständnis der Siebenbürger Sachsen, von der beachtlichen Kulturleistung dieses zahlenmäßig nie über 250000 Menschen zählenden kleinen Volksstammes, von seinem ästhetischen Bedürfnis sowie vom Wunsch, durch äußere Zeichen den Willen zur Gemeinschaft zu bekunden.

Zahlreiche, zumindest im Kern mittelalterliche Bauten sind so erhalten geblieben und mit ihnen – selbst in entlegensten Dörfern – eine ganze Reihe von spätgotischen Altären. Bäuerliche Barockaltäre und eine Anzahl Orgeln mit schönen, geschnitzten und gefaßten Orgelprospekten erzählen von der Blüte kunsthandwerklicher Innenausstattung der Kirchen im 18. Jahrhundert. Ferner fällt die große Zahl von wertvollem Gestühl mit farbenfroher Möbel(Schreiner-)malerei in der Art des sogenannten Bauernbarock aus den vergangenen drei Jahrhunderten auf.

Die *Kirche als der Mittelpunkt* jeden Dorfes spielte im *Alltag* der um sie gescharten Gemeinde eine wichtige Rolle. Auch der *Sonntag* war »Alltag«, und der Kirchgang mit seinen festgelegten Kleider-, Ordnungs- und Sitzvorschriften nach Geschlecht, Alter und Stand war die regelmäßig wiederkehrende Unterbrechung der randvoll genützten Arbeitstage. Sonn- und Feiertage wurden streng eingehalten, größere Arbeiten wurden nicht durchgeführt. Der siebente Tag in der Woche war der geistlichen Erbauung sowie der verdienten weltlichen Muße vorbehalten; kaum ein Sonntag verging bei den tanzlustigen und musikbegeisterten Siebenbürger Sachsen ohne Tanzvergnügen. Nicht nur hier, sondern bei allen Veranstaltungen, die die Jahres- und Lebensabschnitte mit sich brachten, waren der »Herr Vater« (auch »wohlehrwürdige Herr«) und die »Frau Mutter« (auch »tugendsame Frau«), wie das Pfarrerehepaar genannt wurde, dabei. Wie wichtig der Pfarrer für die Gemeinde war, zeigt symbolhaft allein die feierlich-festliche Form bei einer *Pfarrereinsetzung*: 1921 wurde z. B. in Meschendorf der neu gewählte Pfarrer und seine Familie, die mit einer sechsspännigen, geschmückten Kutsche angefahren kamen, an der Hattertgrenze von einem 60köpfigen, herausgeputzten Banderium (Reitergruppe) empfangen. Welch hochgestimmte Aufregung und Vorbereitung gingen auch einer Bischofsvisitation voraus! Es war ein Festtag sondergleichen, dem die Gemeinde und das Pfarrhaus schon Wochen im voraus entgegenfieberten.

Auf dem Dorf ging man bis zum Zweiten Weltkrieg geschlossen in den *Gottesdienst*. Schulkinder, Knechte und Mägde waren dazu sogar verpflichtet; waren sie durch Krankheit oder andere triftige Gründe verhindert, mußten sie sich – um einer etwaigen Strafe zu entgehen – »abverlangen«, d. h. sich beim Lehrer bzw. beim Altknecht oder bei der Altmagd entschuldigen. Während die Verheirateten – das Anlegen von Sonntagsstaat und Schmuck der Frauen konnte wohl Stunden gedauert haben – möglichst nach Alter stets nach dem Pfarrer und dem Presbyterium in die Kirche traten, bildete die Jugend meist ein Spalier vor dem Kirchenportal und ging gemeinsam in die Kirche. Dem Gottesdienst wohnte man nach strenger Sitzordnung bei. Das siebenbürgische Gesangbuch und das wohlriechende Blumensträußchen (»Päschken«), das die Mädchen und Frauen in den Gottesdienst mitnahmen, um daran zu riechen und nicht einzunicken, durften nicht fehlen. Damit die Predigt nicht zu lang wurde, waren die Kirchen früher vereinzelt mit Predigtuhren ausgestattet. An dieser neben der Kanzel hängenden Sanduhr konnte der Pfarrer in viertelstündlichen Intervallen die Predigtdauer ablesen (z. B. in Meschendorf). Die für Unruhe sorgenden Kinder standen vor der Predigt auf und gingen geschlossen hinaus; für sie wurde eigens ein Kindergottesdienst abgehalten.

Bei all dem hatte der *Lehrer (die Lehrerin)* des Ortes regen Anteil, sein Aufgabenbereich war überaus vielfältig. Ähnlich wie der Pfarrer wurde auch der Lehrer in freier und geheimer Wahl von der Gemeinde gewählt und seit Ende des vorigen Jahrhunderts auf Lebenszeit angestellt. Er war eindeutig Respektsperson, auch wenn ihn immer wieder finanzielle Not bedrückte. »Der Lehrer hat Pferdearbeit und Zeisigfutter«, meinte 1871 Josef Haltrich. Die Ausbildung der Volksschullehrer erfolgte seit 1894 in der einzigen Lehrerbildungsanstalt in Hermannstadt; für angehende Lehrerinnen wurde 1904 das Seminar in Schäßburg gegründet. Zum Selbstverständnis vieler Lehrergenerationen gehörte auch der Wunsch zur Weiterbildung, worauf der bereits 1871 einberufene 1. Lehrertag hinwies.

Der Lehrer übte seine Tätigkeit nicht nur in den reinen Schulfächern aus (bis 1920 auch Religion), sondern führte meist auch die Blasmusik des Dorfes an, leitete die verschiedenen Chöre und mußte, wie z. B. in Windau, an den zweiten Feiertagen der drei Hochfeste sowie an anderen Feiertagen predigen. So ist auch zu verstehen, daß der Schulrektor (Direktor) in Wallendorf »Schumester« (Schulmeister), der zweite Lehrer aber »Kanter« (Kantor) genannt wurde, was daran erinnerte, daß die Lehrer früher auch Kirchendienste zu versehen hatten. Die meist sanges- und spielfreudigen Lehrerinnen trugen mit Kreativität und Betriebsamkeit zur Bereicherung des geselligen Lebens in den Dörfern bei.

Siebenbürgen war bei blühendem Handel und Gewerbe in den Städten bis zum Zweiten Weltkrieg ein Bauernland: etwa 70 Prozent aller Deutschen arbeiteten in der Landwirtschaft. Durch die radikal vorangetriebene Industrialisierung Rumäniens und die gewaltsame Enteignung von Privatbesitz nach 1945 wurde innerhalb von zehn Jahren aus dem stolzen Bauernvolk eine Gruppe von Besitzlosen und Unselbständigen.

Der gute Ruf der Siebenbürger Sachsen als fortschrittliche Landwirte aber kam nicht von ungefähr. Als 1870 in Ungarn die ersten staatlichen landwirtschaftlichen Hochschulen ins Leben gerufen wurden, waren der Landwirtschaftsverein und die Nationsuniversität so weitsichtig, aus eigener Kraft den deutschen Bauern mit der Errichtung von drei *Ackerbauschulen* den Weg zum Fortschritt zu öffnen. Da die Schulen sich nie in bloßer Theorie übten, hielten sie engste Fühlung zur Wirklichkeit. Die landwirtschaftliche Lehranstalt in Mediasch lag im Weinland und war Mittelpunkt der Simmenthaler Viehzucht, die Bistritzer Ackerbauschule lag im berühmten Obstbaugebiet und die Marienburger im Burzenland, das an Intensität des Hackfruchtbaues, der Viehhaltung, Ochsen- und Schweinemast in Europa seinesgleichen suchte. Die Schüler, hauptsächlich Bauernsöhne, kehrten nach zweijährigem (in Mediasch nach dreijährigem) Unterricht in den elterlichen Betrieb zurück. Auch die Mädchen wurden in bestens organisierten und gut besuchten hauswirtschaftlichen Kursen zu tüchtigen Bäuerinnen erzogen.

123 und **124** Nachbarschaftstäfelchen aus Heltau. Mit dem Weiterreichen von unterschiedlich geformten Nachbarschaftstäfelchen (oder -zeichen), meist aus Holz oder Messing schön geschnitzt, graviert oder gegossen und mit Inschriften oder Figuren versehen, wurden Nachrichten, Anordnungen oder Einladungen zu Versammlungen weitergegeben und so jede Familie einer Nachbarschaft reihum verständigt. Wer das Zeichen bekam, mußte es so rasch wie möglich samt der mündlichen oder schriftlichen Nachricht dem nächsten Nachbarn weitergeben. War eine Beerdigung anzukündigen, durfte das wandernde Täfelchen nicht über Nacht behalten werden. Eine Falschmeldung zog unweigerlich eine Strafe nach sich, die beim jährlichen Richttag vor geöffneter Nachbarschaftslade ausgesprochen wurde. Hier ein geschnitztes, wappenförmiges Nachbarzeichen der Mittergässer Nachbarschaft in Heltau von 1834.

125 Spinnstube, Großau ca. 1945.
Nicht nur die Frauen, sondern auch die konfirmierten Mädchen hatten ihre eigenen Spinnstuben, die sie wöchentlich wechselten. Unter Aufsicht der Altmagd kamen jeweils 15–20 Spinnerinnen zusammen. Ab 8 Uhr abends durften zu den Mädchen auch die Knechte kommen, die für Unterhaltung und Spaß sorgten, zuweilen auch schon verstohlen auf Brautschau gingen. Fiel dann eine Wirtel zu Boden, mußte das Mädchen sie von dem Burschen mit einem Kuß auslösen.

126 Rockenstube, Stolzenburg vor 1945.
Selbst Schulmädchen der vier obersten Volksschulklassen wurden in ihrer Rockenstube in die Kunst des Spinnens eingeführt. Bis sich ein Mädchen die Geschicklichkeit erwarb, um ihre gesamte Aussteuer zu erarbeiten, vergingen viele Jahre.

127 Rockenstube, Treppen ca. 1935.
Ab Herbst hielten die Frauen allabendlich die sogenannte »Rokestuf« ab, wobei sie sich jede Woche abwechselnd bei einer anderen Nachbarin, die für Licht und Beheizung sorgen mußte, zu arbeitsamen, gleichzeitig aber auch unterhaltsamen Stunden trafen. Beim »Lichtels« wurde oft bei dürftiger Beleuchtung am Spinnrad oder mit dem Wirtelstab Garn gesponnen.

128 Ziegelbrennen vor 1945. Der große siebenbürgische Schulmann und Pfarrer Stephan Ludwig Roth formulierte im 19. Jahrhundert das Wesen der Nachbarschaft: »Die aus einem Brunnen tranken, Brot aus einem Ofen aßen, die Nachthut füreinander hielten, die sich ihre Wohnhäuser aus gemeinschaftlicher Kraft aufrichteten..., nannten sich die Nahen, die Nachbarschaft«. Im Bild brennen die Bauern einer Nachbarschaft gemeinschaftlich handgeschlagene, sonnengetrocknete Ziegel für einen Hausbau.

129 Freiwillige Feuerwehr, Senndorf 1937.
Ab Mitte des vorigen Jahrhunderts entwickelte sich auch auf dem Land ein reges Vereinsleben. Die einzelnen Vereine übernahmen im Laufe der Zeit soziale Aufgaben in der Gemeinschaft, die früher die Nachbarschaften durch Jahrhunderte ausgeübt hatten. Für Männer und Burschen war es eine Ehre, aber auch moralische Verpflichtung, Mitglied der Freiwilligen Feuerwehr zu sein.

130 Fahne der 1900 gegründeten Freiwilligen Feuerwehr in Pintak von 1912. ▷

131 Blasmusik, Deutsch-Weißkirch vor 1945.
Neben Turnvereinen, Theatervereinen, Chören und anderen Vereinigungen gestalteten besonders die Blaskapellen das gesellige Leben im Dorf mit. Häufige Musikproben und das gemeinsame Schmausen nach Leichenbegängnissen ließen schon in früher Zeit eigenes Adjuvantenleben mit Witzen und Bräuchen entstehen. Bis in die jüngste Gegenwart hat sich der feste Zusammenschluß der Musiker unter vorgegebenen Regeln erhalten. Stets spielte der den Musikern für ihre Einsätze als Lohn zustehende Wein, der gemeinsam getrunken wurde, eine zentrale Rolle.

132 Adjuvantenkapelle, Urwegen 1971.
Bei keinem kirchlichen oder weltlichen Fest im Jahres- und Lebenslauf waren die »Adjuvanten« (von lat. adjuvare = Musikhelfer, Beistand der Geistlichkeit beim Gottesdienst) oder die »Turner« (ursprünglich die von den Türmen der Kirche Herabblasenden oder Singenden), wie sie in Nordsiebenbürgen genannt wurden, wegzudenken. Auf dem Bild sehen wir die Adjuvanten während ihres Einsatzes bei einer Hochzeit. Die über die Straße gespannten Tücher kennzeichnen das Hochzeitshaus.

133 Adjuvant, Frauendorf 1989.
Im Sommer wie im Winter begleiten die Adjuvanten bis in die Gegenwart das kirchliche und weltliche Leben in der Gemeinde. Hier ein Adjuvant mit seinem Baß in Wintertracht mit der schwarzen Lammfellmütze und der »Guip« (Männerrock aus schwarzem Wollstoff). Darunter trägt er das schöngestickte Hemd zur Festtracht. ▷

134 Schwesterschaft, Michelsberg vor 1945. Festlicher Umzug der unverheirateten Mädchen mit Schwesterschaftsfahne in der bis in die 60er Jahre ausschließlich von Deutschen besiedelten Gemeinde Michelsberg, wenige Kilometer von Hermannstadt entfernt. ▷

135 Tartlauer Schwesterschaft, 1936. Die Schwesterschaften hatten ganz bestimmte, ihnen zugewiesene Aufgaben, wie die verpflichtende Teilnahme an der Beerdigung einer verstorbenen Schwester oder die Durchführung verschiedener Gemeindearbeiten; eine davon war das jährliche, gemeinschaftlich ausgeführte Reinigen des Kirchhofes im Frühjahr, wie hier in Tartlau.

136 Bruder- und Schwesterschaft, Senndorf 1935.
In der äußeren Haltung dieser Burschen und Mädchen kommt das streng geregelte Leben einer sächsischen Gemeinde zum Ausdruck. Beeindruckend ist das einheitliche Trachtenbild dieser jungen Menschen. Die Geschlossenheit ließ dennoch stets Spielraum zur Ausschmückung der einzelnen Tracht. Kennzeichnend für Nordsiebenbürgen ist der leuchtend bunte, wollbestickte, spitz zulaufende Brustlatz, an der Seite geschlossen und am Halsausschnitt pelzverbrämt. Unter dem Borten tragen die Mädchen das perlenverzierte Rüschenhaarband (»Grischzel«). Am schönsten sind die in Querstreifen schwarzgestickten, mit Netzarbeit unterbrochenen weißen Schürzen, die in schmalen Falten gebügelt werden. Die Burschen tragen den sehr breiten, reich »gezirmten« (mit Federkiel gestickten) Ledergürtel zum weißen, bestickten, über der Hose getragenen Hemd. In der Mitte der Gruppe sitzen die beiden Knechtväter.

◁ **137** Kirchenburg mit spielenden Kindern, Roseln vor 1945.
Schon kurz nach dem Ersten Weltkrieg gab es in Siebenbürgen Kindergärten. Eine große Hilfe für die Eltern waren die »Erntekindergärten«, die in den Jahren nach 1939 eingerichtet wurden. Während der Erntezeit, die ja in die Schulferien fiel, wurden hier Kinder ab dem Laufalter und jüngere Schulkinder tagsüber beaufsichtigt und den Eltern dadurch die Aufsicht abgenommen. Verschwindend klein scheinen auf diesem Bild die Menschen vor der mächtigen, spätgotischen Kirchenburg aus dem 14. Jahrhundert mit ihren Wehrgängen, Pechnasen und Schießscharten.

138 Erntekindergarten, Windau 1939.
Während die Eltern mit Erntearbeiten auf dem Feld beschäftigt waren, wurden die kleinen Kinder in den eigens dafür eingerichteten Erntekindergärten bis zur Rückkehr der Eltern beaufsichtigt. Die Kinder trugen die verkleinerte Arbeitstracht der Erwachsenen. Typisch für die Mädchen war das glatt zurückgekämmte Haar, das in zwei Zöpfe geflochten um den Kopf gelegt und mit einem schmalen Haarband festgehalten wurde. Die Haare der kleinen Buben wurden im Sommer ganz kurz geschoren.

140 Schüler der Ackerbauschule in Marienburg im Schuljahr 1900/1901.
Die Ausbildungsstätten für die angehenden Bauern waren die drei Ackerbauschulen in Mediasch, Bistritz und Marienburg im Burzenland. Die Bauernsöhne kehrten nach 2–3jährigem Unterricht in den elterlichen Betrieb zurück. Eine Landwirtschaftliche Winterschule in Hermannstadt bestand als vierte Lehranstalt dieser Art seit 1930 bloß 15 Jahre lang. In den vier Landwirtschaftsschulen Siebenbürgens wurden von 1870 bis 1945 rund 3000 Junglandwirte und 700 Hauswirtschafterinnen ausgebildet. ▷

139 Schulunterricht, Schirkanyen 1969.
Neben der evangelischen Kirche und dem Volkstum war die Schule die dritte Stütze des Deutschtums in Siebenbürgen. Bis zum Zweiten Weltkrieg blieb dieser Dreiklang mehr oder weniger intakt, und damit auch das Selbstverständnis der Siebenbürger Sachsen. Schon im 14. Jahrhundert dürfte es in nahezu jeder sächsischen Gemeinde eine Schule gegeben haben, ab 1722 wurde die allgemeine Schulpflicht für Knaben und Mädchen eingeführt, früher als in anderen europäischen Ländern. Dadurch war schon sehr früh der Bildungsstand auch der ländlichen Bevölkerung hoch und ermöglichte den begabten Söhnen eine Weiterbildung. Das Bild zeigt den Unterricht der 3. Klasse der deutschen Abteilung des damals 500 deutsche Einwohner zählenden Dorfes. Die über 30 deutschen Schüler der achtklassigen Grundschule wurden von zwei Lehrkräften unterrichtet.

141 Näh- und Hauswirtschaftskurs, Schäßburg 1938.
Auch für die Mädchen gab es nach dem Schulabgang Weiterbildungsmöglichkeiten. Unterwiesen früher meist Pfarrfrauen oder Vertreterinnen des Evangelischen Allgemeinen Frauenvereins die Mädchen in der Kunst der Hauswirtschaft, so gab es später Kurse unter der Anleitung von tüchtigen Hauswirtschafts- und Handarbeitslehrerinnen. Seit 1919 gab es in Mediasch sogar eine Landwirtschaftliche Haushaltsschule für Mädchen, die durch das rumänische Enteignungsgesetz 1945 ein jähes Ende fand. ▷

◁ **142** Bockelung zum sonntäglichen Kirchgang, Stolzenburg 1934.
Eine ältere Bäuerin bockelt ihre Nachbarin nach alter Überlieferung in der guten Stube zum Kirchgang. Sie legt ihr den für den Stand der jungen Frau eigenen Schleier um den Kopf und steckt ihn mit Schmucknadeln fest. Dazu benötigt sie oft eine Stunde und mehr. Stets waren hilfreiche Hände vorhanden, denn allein konnte sich die junge Bäuerin nicht schmücken. Diese einst mit viel Sorgfalt und Selbstverständlichkeit ausgeübte Tätigkeit ist mit dem Schwinden der Tracht im Aussterben begriffen.

143 Kirchgang, Stolzenburg 1960.
Bis zum Zweiten Weltkrieg gingen viele Dorfgemeinschaften geschlossen zum sonntäglichen Gottesdienst, in strenger Ordnung nach Geschlecht und Alter, und stets in Kirchentracht gekleidet. Bei der Stolzenburger Tracht fällt auf, daß die Mädchen über den kostbar gestickten Trachten schmale »Handtücher« um den Hals tragen, an beiden Enden mit Initialen und Jahreszahlen versehen. Sie lassen den ursprünglichen, wärmenden Umhang kaum noch erkennen. Der typische Stolzenburger Mantel der Männer ist ein weißer, bestickter Wollstoffmantel mit überlangen, sogenannten »Gastärmeln«, die seitlich leer herabhängen, und einem breiten Auslegekragen, der den ganzen Rücken bedeckt.

144 Beim Gottesdienst, Zendersch vor 1945. Vertrauter Anblick einer Sonntagsgemeinde in der Kirche, in der »Zucht und Ordnung« herrschte: Schulkinder der Unterstufe sitzen im Chor vor dem Altar. In den ersten lehnenlosen Bankreihen die älteren Mädchen, dahinter die bortentragende Schwesterschaft, anschließend die älteren gebockelten Frauen mit dem Krausen Mantel, dahinter die jüngeren Frauen, die Jahr für Jahr aufrücken. Auf den Emporen sitzen die Bruderschaft, die Männer und die Knaben der Oberstufe. Unter der Orgelempore sitzen die mittleren Jahrgänge der Männer, die links und rechts in die Gestühle unter den Emporen aufrücken. Die Altschaft mit den ehemaligen Hannen hat ihren Platz in einem eigenen Gestühl unter der Empore auf Höhe der Schwesterschaft mit gutem Blick zur Kanzel.

145 Abendmahl, Urwegen vor 1945. Vor dem Urwegener Barockaltar von 1747 reicht der Pfarrer im reich gefältelten Chorgewand (»Ketzel«) den Silberkelch den knienden Frauen zum Abendmahl. Die Kirchenväter halten das gespannte Tuch (»Velum«) darunter, damit nichts vom Tisch des Herrn zu Boden fällt. Die gebockelten Frauen tragen den mittelalterlichen Kürschen als Zeichen der höchsten Festlichkeit; er ist ein radförmiger, ärmelloser Umhang aus weißgegerbtem Schafleder, mit Eichhörnchenfell verbrämt. Das besonders Auffallende ist der breite, steif aufwärtsstehende »Brettchenkragen«, der dem Gesicht zu mit rotem Samt ausgeschlagen und am Rand mit einer Goldborte versehen ist. Die Männer tragen einen weiten, fast schmucklosen Kirchenmantel aus weißem Schafwollstoff mit Stehkragen und hochroten, schmalen Streifen.

146 Gottesdienst in Großscheuern vor 1945.
In manchen Gemeinden war es Brauch, daß die Mädchen rund um den Altar saßen, wie hier in Großscheuern, und der Pfarrer inmitten seiner Gemeinde das Evangelium las.

147 Emporengestühl in Jakobsdorf bei Agnetheln aus dem 18. u. 19. Jh. (Foto 1990).
Zwischen 1750 und 1850 kam es durch einen wirtschaftlichen Aufschwung in den siebenbürgisch-sächsischen Gemeinden zum Anwachsen der dörflichen Bevölkerung. Dadurch war eine Vermehrung von Sitzplätzen erforderlich. In Jakobsdorf wurden die Ende des 18. Jhs. auf Holzsäulen errichteten Emporen 1805 verbreitert; so entstanden auf der südlichen Empore zwei, auf der nördlichen drei und im Westen sogar fünf Bankreihen. Die Balustraden waren mit bunter Schreinermalerei im Bauernbarock verziert. Die Holztafeln zeigen stilisierte Fruchtschalen, Blumen, Landschaften und Menschen. Die erste Emporenreihe war in Jakobsdorf der Altschaft vorbehalten. Die hier eingerollten Bruderschaftsfahnen schmückten nur zwischen Ostern und Pfingsten das Kirchenschiff.

148 Kirchgang, Lechnitz 1939.
Frauen nach dem Kirchgang. Worüber sie sich wohl so fröhlich unterhalten? Im Hintergrund zwei junge Bäuerinnen in ihrem reichbestickten Samthäubchen. In der Hand halten die Frauen Gesangbuch und Blumensträußchen. Das Gesangbuch spielte eine große Rolle, wurde es doch früher von den Besitzern oft als eine Art Tagebuch mit Eintragungen über die wesentlichsten Ereignisse des Bauernjahres wie Viehkauf, Unwetter, Weinerträge und Kindsgeburten versehen. Am stark duftenden Blumensträußchen rochen die Frauen während der langen Predigt zuweilen, um nicht einzunicken.

149 Mädchen in der Kirchentracht, Rode vor 1945.
Wie kleine Erwachsene sehen die kleinen Mädchen in Rode aus. Zur Kirchentracht tragen sie das Kopftuch, das sonst den alten Frauen vorbehalten war, und halten in der Hand das Blumensträußchen aus dem eigenen Garten. Nur in Rode durften auch die noch nicht konfirmierten Mädchen das große und kostbare Heftel auf der Brust tragen, wie hier die Mädchen im Hintergrund. Dieser Schmuck wurde als Familienerbstück von der Mutter an die Tochter weitergegeben.

150 Kirchgang in Tartlau vor 1945.
Die Männer wirken in ihrem dunkelblauen, langen »Rōk« mit den leuchtenden Silberhefteln und den schwarzen Schaftstiefeln ernst und feierlich. Dieser Eindruck kann auch durch die hohen, städtischen Hüte nicht verdrängt werden. Der Mantel war in jedem Ort des Burzenlandes mit andersfarbigen Tressen verziert, überall aber wurde er nur mit der obersten und untersten Schließe geschlossen. Die jungen Männer durften ihn zur Konfirmation das erste Mal tragen. Einen entsprechend festlichen Rahmen zu diesem Bild gibt das Gemäuer der Kirchenburg mit seiner historischen Bedeutung ab. ▽

151 Nach dem Gottesdienst, Deutsch-Weißkirch vor 1945.
Beim Anblick dieses kontrastreichen Bildes fühlt sich der Betrachter in die Zeit des 15. Jahrhunderts zurückversetzt, als flämische Meister ähnlich geschleierte Frauen malten. Der Eindruck wird einerseits durch das das Gesicht herzförmig umhüllende Bockeltuch vermittelt, andererseits durch den eng gefältelten, ärmellosen »Krausen Mantel«, einen Umhang aus schwarzem Tuch, der bei kühler Witterung über die weiße »Gup« (weißes Leinenjäckchen) umgehängt wird. ▷

152 und **153** Sonntagstanz auf dem Dorfplatz, Zuckmantel (oben) und Deutsch-Weißkirch (unten) vor 1945. Die beliebteste Unterhaltung der Dorfjugend war der Sonntagstanz im Freien. Schon die kleinen Schulkinder wurden im Ländler-, Polka- und Walzertanzen unterwiesen. Der Sonntagstanz ermöglichte trotz der Aufsicht von Altknecht und Altmagd und der Blicke der Mütter ein ungezwungenes Beisammensein der jungen Paare.

154 Dorfvergnügen in Kleinscheuern vor 1945. Jung und alt tanzen zu den Klängen der Blasmusik am Sonntagnachmittag auf dem Kirchplatz vor der Kirchenburg und dem Pfarrhof.

155 Sonntagstratsch der Bäuerinnen, Urwegen vor 1945.
Während sich die Jugend beim Tanz vergnügte, saßen die alten Bäuerinnen gerne am Sonntagnachmittag vor ihrem Hoftor auf der Gassenbank beisammen und nutzten die wenigen, arbeitsfreien Stunden zu einem Schwatz.

FESTE UND FEIERN

BRAUCHTUM IM JAHRESLAUF

Neujahr und Fasching

Zeitlich noch bis vor den Ersten Weltkrieg rankte sich um den Neujahrstag eine Fülle von Bräuchen, die ein ehemals viel reicheres Brauchgeschehen erahnen lassen, war doch Neujahr ein wichtiger Lostag. In Seiden beispielsweise wurden am 31. Dezember Haus und Hof von der ganzen Familie sauber gefegt und ordnende Hand angelegt, am Nachmittag desselben Tages wurden während des zweistündigen Vesperläutens die Obstbäume mit Bündeln von Stroh umwunden, um gute Ernte zu erzielen (anderswo geschah dies in den Weihnachtstagen). Den Hühnern wurden – wie in der Gemeinde Wurmloch – Maiskörner zum Aufpicken in den großen Metallreifen eines Wagenrades gestreut, damit sie im folgenden Jahr nicht »fremd gingen«, sondern ihre Eier im eigenen Hof legten. Manche Hausfrau leerte am Neujahrsmorgen noch vor Tagesanbruch der verfeindeten Nachbarin eine Schaufel voll Kehricht vor die Türe, damit die eigenen Flöhe für ein Jahr nun die Nachbarin plagen sollten. Am Abend vor Neujahr trat der langbärtige, mit zerrissenen Kleidern angetane und mit einem riesigen Knüppel bewaffnete »Gohrstonjel« (Jahresengel) polternd und mit einer Kette rasselnd in die Stube, um unartige Kinder in seinem großen Sack mitzunehmen oder brave mit Äpfeln und Nüssen zu beschenken. Andernorts kannte man den Neujahrsmann (-frau) und in Pruden, Seiburg und Zendersch das Gaben bringende »Noajorsfarkel« (Neujahrsferkel). Allgemein üblich war das Neujahrblasen der Musikkapelle vom Kirchturm (meist um Mitternacht) und das *Neujahrwünschen*. Die Jugend brachte dem Pfarrer das »weiße« oder »grüne Jahr« in Form von Eiern, Obst oder einer mit Getreide gefüllten Schüssel, die Schulkinder überreichten dem Lehrer ein Geschenk, stets in Verbindung mit einem Apfel. Ausnahmslos alle Kinder bis zum Konfirmationsalter brachten den Nachbarn, den nächsten Verwandten und ganz besonders den Paten (Patinnen) ihre Glückwünsche dar; als Gegengabe erhielten sie unterschiedliche, jedoch für den jeweiligen Ort gebräuchliche kleine Geschenke, »Giorsker« (Jährchen), meist ein Neujahrsgebäck oder ein Geldstück. In Großscheuern etwa riefen die Kinder vor der Türe: »Mer wanschen ich e noi Gor, e glecksselich Gor vun asem lawen Hargott, ihren Hof vol Schweng, ihre Kaller vol Weng, ihre Stal vol Veh, Gottes Segen uch derbei« (Wir wünschen Euch ein neues Jahr, ein glückliches Jahr von unserem lieben Herrgott, euren Hof voll Schweine, euren Keller voll Wein, euren Stall voll Vieh, Gottes Segen auch dazu). In Windau kannte man den *Mägdetanz* (»Meintiunz«), der vom Neujahrsnachmittag bis zum 3. Januar morgens dauerte, und bei dem ausnahmsweise die Mädchen die Burschen zum Tanz auffordern durften.

Der Umzug der *Heiligen Drei Könige* war fast im ganzen Land bereits im 19. Jahrhundert nicht mehr üblich. Reste davon blieben etwa in Urwegen erhalten, wo vor dem Ersten Weltkrieg drei als Könige aus dem Morgenland verkleidete Mädchen, von denen eines schwarze, die anderen beiden rote bzw. weiße Gewänder trugen, von Haus zu Haus gingen und das Lied »Wir heiligen drei Könige, wir kommen daher...« sangen; dafür erhielten sie ein kleines Geldgeschenk.

Der *Fasching* dauerte vom »Geschworenen Montag« (»de klin Fuesndich«), dem Montag nach dem Dreikönigstag, bis zum Aschermittwoch. Es war die Zeit für Lustbarkeiten und Unterhaltung, zumal die Feldarbeit ruhte. Und wie gern und oft wurde in Siebenbürgen getanzt! *Faschingsbälle* der Jugend, bei denen Altknecht und Altmagd streng über Zucht und Ordnung wachten, wechselten mit solchen aller Vereine, oftmals mit einer Theateraufführung verbunden. Die Zünfte pflegten ihre Bräuche, die Nachbarschaften versammelten sich nach vorangegangenem Männergottesdienst zu den Richttagen, Mummenschanz und tolles Treiben mit allerlei Masken versüßten den Alltag, besonders aber die Fastnacht selbst (mit dem Aschermittwoch »de gruis Fuesndich« geheißen). Höhepunkt aller Bälle war der von den Frauen vorbereitete Marienball am 2. Februar. Auch die meisten *Hochzeiten*, so sie nicht im Spätherbst stattfanden, wurden in diese Zeitspanne verlegt. Es konnte daher nicht ausbleiben, daß manchmal mehrere Hochzeiten an einem Tag stattfanden (Alzen).

Für die Schulkinder war der »*Blasi*« (St. Blasius, 3. Februar) ein heißersehnter Festtag. Weil die Kinder in den Dörfern von den meisten Festlichkeiten mehr oder weniger ausgeschlossen waren, wurde für sie ein eigener Kinderball organisiert, von dem wiederum die Erwachsenen ausgeschlossen waren – mit Ausnahme der Mütter, die sich um das Essen kümmerten und ihren Kleinen beim Tanzen und Spielen zusahen. Für die Musik sorgten die Adjuvanten, die meist Walzer und Polka spielten. Die Kinder waren selbst für die Ausschmückung des Festsaales mit Wintergrün und Papierketten verantwortlich, ebenso mußten sie die Gaben für das Fest (Butter, Eier, Speck, Schweinefleisch) in Heischegängen einholen.

Auch die »*Spinnstube*« feierte ihren Fasching. Wenn es mit dem Spinnen zu Ende ging, besuchten sich die Frauen der verschiedenen Spinnstuben in mancherlei Vermummung gegenseitig, wobei viel gesungen wurde. Das Ende der Spinnstube, das stets in die Faschingszeit fiel, bildete das »Ausschenken«; dazu brachte jede Frau Eßwaren und Getränke mit.

In die Faschingstage verlegten auch die Zünfte und Gesellenbruderschaften ihr »*Ladenforttragen*«, d. h. die Übergabe der Zunftlade, später auch Nachbarschafts- und Bruderschaftslade, an den neuen Gesellenvater. Im zunftreichen Ort Agnetheln (1900 zählte allein die Schusterzunft dort 225 Meister!) war dies stets mit dem *Urzelnlauf* verbunden. Auch in anderen Orten Siebenbürgens kannte man diese dunklen Zottelgestalten, so in Mergeln, Marpod und Großschenk. In Zied, Braller und anderen Gemeinden liefen die Urzeln schon Ende des vorigen Jahrhunderts als reine Faschingsmasken von Haus zu Haus. Anfang des 20. Jahrhunderts verselbständigten sich die Urzeln auch im traditionsreichen Agnetheln zu Hauptpersonen des Festes; vordem waren sie »nur« Begleiter und Beschützer der Zunftlade gewesen. Ursprung und Ausdeutung dieses Brauches, wenn nicht der Bräuche, sind noch nicht befriedigend geklärt. Auch die Sage, wonach die Urzeln aus der Türkenzeit stammen sollen, als eine Frau namens Ursula, angetan mit einem Zottelgewand, in großer Not die Türken in die Flucht schlug, kann nicht überzeugen. Nach einer fast 30jährigen Unterbrechung des Urzelnlaufs (1940–69) hat er sich bis in die letzten Jahre zu einem großen sächsischen Heimatfest mit ausgeprägtem Schaucharakter entwickelt, das in manch anderen Gemeinden Nachahmer fand. Seit 1965 ist das alljährlich Anfang Februar auch in Sachsenheim bei Stuttgart so und wird von den dort angesiedelten Agnethlern organisiert. Dabei fügt sich diese Tradition sehr gut in das äußerst lebendige Fastnachtsbrauchtum des schwäbisch-alemannischen Raumes mit dem Elzacher Schudding und dem Überlinger Hänsele, erinnert entfernt auch an die Huttler und Zottler im Tiroler Raum und wird von der Bevölkerung begeistert aufgenommen. Hier wie dort nicht wegzudenken sind das »gefüllte Kraut« beim abendlichen Festschmaus sowie die unzähligen »Urzelnkrapfen«!

Im Zekeschgebiet östlich von Mühlbach war am Dienstag vor Aschermittwoch bei der männlichen Jugend das *Gansabreiten* beliebt. Hoch zu Roß versuchten geschmückte Burschen, mit langen Peitschen einer an einem Heubaum bzw. zwischen zwei Holzpfosten lebendig aufgehängten (seit 1906 jedoch bereits toten) Gans den Kopf abzuschlagen.

Sehr alt ist das *Fahren mit dem Pflug* am Aschermittwoch, wo besonders der Widersinn der Bekleidung bzw. der Gerätschaften erheiternd wirkte – wenn nämlich die Burschen in leichter Leinenkleidung mit Sichel und Heurechen durch Schnee und Eis liefen.

In Marpod pflegte man einen Pflug mit sechs paarweise vorgespannten Pferden durch die Hauptstraße zu führen. In Oberneudorf haben sich ältere Brauchstränge bis zum Zweiten Weltkrieg erhalten, wie sie etwa in Rothbach und Neustadt noch um die Jahrhundertwende bekannt waren: Hier wurden 12 »Ochsen« vor den Pflug gespannt, Burschen, die mit weißen, buntgescheckten Kostümen und Pelzmützen bekleidet waren, auf welche flatternde Bänder (»Gerischtsel«) genäht waren. Auf dem Pflug saß ein mit Stroh ausgestopftes Trachtenpuppenpaar, der »Peter und die Grete«. Altknecht und Jungaltknecht gingen dem merkwürdigen Zug peitschenknallend voraus. Mit Stroh ausgepolsterte, ebenfalls weiß gekleidete Sämänner streuten der Bäuerin aus einem großen Sack Spreu in die Stube, die nur mit viel Mühe wieder hinausgekehrt werden konnte. Den Zug umschwirrten maskierte Läufer, die mit kurzen, bunten Stoffteilchen benähte Anzüge trugen. Vor ihnen mußten sich besonders die Kinder in acht nehmen, denn die Läufer beschmierten deren Gesichter gerne mit Ruß, Schuhcreme oder Wagenschmiere. Die am Ende des Zuges mitmarschierenden »Eierfrauen« (ebenfalls Burschen) sammelten von überallher Eier

156 Kirchenchorprobe, Leschkirch 1988.
Das kulturelle Leben war früher oft von der tatkräftigen Initiative der einzelnen Pfarrer und Lehrer geprägt, um die sich die musikalische Dorfbevölkerung scharte. Besonders zu hohen Feiertagen wurden die Gottesdienste in manchen Gemeinden mit mehrstimmigem Chorgesang umrahmt. Die Siebenbürger Sachsen waren begeisterte Sänger. Auch in der Notzeit der letzten Jahrzehnte vereinte sie gemeinsames Singen, wie hier auf der Empore in Leschkirch.

157 Abschluß eines Festes auf dem Dorfplatz, Urwegen 1975.
Zum Schluß eines Festes singen die Siebenbürger Sachsen gerne das Heimatlied »Siebenbürgen, Land des Segens« (Text von Max Moltke, Weise von Johann Lukas Hedwig). Bei der Schlußstrophe »Sei gegrüßt in deiner Schöne, und um alle deine Söhne schlinge sich der Eintracht Band!« umschlingen sich alle Festteilnehmer und zeigen damit ihre Zusammengehörigkeit.

und Speck, die tags darauf beim Altknecht zu einer Riesen-Eierspeise verarbeitet wurden.

In Heldsdorf, Rothbach und Neustadt kannte man die *Fastnachtsräder*, auf welche ein Puppenpaar, in Burzenländer Tracht gekleidet, senkrecht gegenüber eingespannt wurde. Beim Drehen des Rades hatte es den Anschein, als tanze das Paar. In Heldsdorf allerdings trug die Männerpuppe Winterkleidung und die Frauenpuppe Sommerkleidung, was eine Anspielung auf den Kampf des Frühjahrs mit dem Winter sein soll.

Auf den alten, einstmals weitverbreiteten Brauch des Todaustragens ging auch das *Faschingsbegraben* in Großalisch zurück, wo die Jugend in einem parodistischen Leichenzug den auf einem Brett liegenden und mit einem schwarzen Tuch bedeckten »Toten« beerdigte. Andernorts wurde der Fasching in den Bach geworfen (Braller), verbrannt (Großschenk, Felldorf) oder nach lustiger Gerichtsverhandlung gehängt (Braller, belegt 1850).

Ostern

Ostern war, wie Pfingsten und Weihnachten, ein dreitägiges Fest mit je zwei Gottesdiensten an den zwei ersten und einem Frühgottesdienst am dritten Tag. Der erste Ostertag wurde eher still im engeren Kreis der Familie gefeiert, während es an den beiden anderen Tagen fröhlich, laut und gesellig zuging. Die Vorbereitungen dazu hatten freilich schon viel früher begonnen.

Fast immer fand die *Konfirmation* mit gemeinsamem Abendmahl am *Palmsonntag* statt. In Großkopisch war es zudem der Tag, an dem die große und kleine Männerwelt die Giebellöcher an den Häusern der »Auserwählten« mit Tannen- oder Fichtenästen mit Hilfe von Strick und Knebel schmückten; gab es mehrere Mädchen in einer Familie, wurden auch Gassentüren und Tore mit grünem Tannenreis geschmückt.

Die »stille« Karwoche schloß sich an, in der aller Lärm (neben Holzhacken vor allem das »Bleueln«, das Waschen mit dem Schlägel am Fluß) vermieden werden sollte. Und doch war es eine Zeit voll Hektik und Arbeit. Besonders die Frauen hatten viel zu tun mit Waschen, Putzen, Backen und Kochen, hieß es doch, die Fastenzeit zu beenden. Eine der beliebtesten Tätigkeiten war das »*Gelfen*« der Eier (mhd. gel = bunt, also färben). Die vielen rotgefärbten gehen dabei auf die Überlieferung zurück, daß die Hennen am Karfreitag aus Schmerz über den Tod Christi blutige Eier gelegt hätten. Zum Rotfärben der Eier verwendete die sächsische Bäuerin früher »riut Spentcher« (rote Späne), zum Grünfärben »Plumblom« (Küchenschelle) und Zwiebelschalen zum Braunfärben.

In Nordsiebenbürgen waren Frauen und Mädchen in Windau, Kleinbistritz, Mettersdorf und anderswo am Palmsonntag damit beschäftigt, »geschriebene Eier« anzufertigen. Die Verzierungen wurden mit heißem Wachs auf die gekochten Eier aufgetragen. Beim anschließenden Färben der Eier blieb die Zeichnung weiß auf rotem, blauem oder grünem Grund sichtbar. Mit diesem Batikverfahren schufen die Nösner Bäuerinnen kleine Kunstwerke. In Windau war es Brauch, daß am zweiten Ostertag nach dem Hauptgottesdienst am Kirchplatz an die noch nicht konfirmierten Patenkinder geschriebene Eier ausgeteilt wurden. Im Durchschnitt hatte eine Frau daher 70 bis 90 Eier zu beschreiben, die Patenkinder ihrerseits erhielten jeweils 40 bis 50 Eier und mehr. Die Windauerinnen hatten im »Schreiben« eine ganz besondere Fertigkeit entwickelt: sie bastelten ihr Schreibwerkzeug selbst, indem sie dünnes Messingblech um eine Nähnadel zu einem sehr dünnen Röhrchen drehten. Durch dieses »Flitterchi« zogen sie ein Pferdeschwanzhaar oder eine elastische Schweinsborste und befestigten das Röhrchen an einem dünnen Tannenholzstäbchen. Das abstehende Ende des Röhrchens wurde in heißes Wachs getaucht, wobei das Tierhaar ähnlich einer kleinen Pumpe das ständige Herausfließen von Wachs gewährleistete, und schon konnte man schreiben!

Der *Hauptgottesdienst* war in vielen Gemeinden durch das »*Opfer*« ausgezeichnet. Hierbei schritt der Pfarrer, gefolgt von der ganzen Gemeinde, im Uhrzeigersinn um den Altar, auf den ein Festopfer gelegt wurde. In manchen Dörfern Nordsiebenbürgens hinterlegten die Bauern am Vorabend ihre Sachspenden (Altar- und Kanzelbehänge, Kerzen, fromme Gedichte oder Gebete) in der Kirche; stets blieb der Spender ungenannt. Vielfach bildete die Kirchengemeinde nach dem Ostergottesdienst vor der Kirche ein Spalier für die kirchlichen Honoratioren. In Hetzeldorf gestalteten die Altknechte mit den Bruderschaftsfahnen einen Torbogen, der unter Klängen der Adjuvantenkapelle durchschritten werden mußte. In einem langen, feierlichen Zug ging es dem Pfarrhof zu. In Urwegen wünschte dort der Kurator dem Pfarrer und seiner Familie wie auch der übrigen Gemeinde ein gesegnetes Osterfest. Hierauf bekam jedes Kind Kuchen, zuweilen in Häschen- oder Herzform. In Großkopisch erhielten die Kinder je ein Kipfel. In Talmesch war zusätzlich die Breze (»Bijel«) bekannt, die Karfreitag von den Kirchenvätern an die Schulkinder, als Gegengabe für rohe Eier, verteilt wurde. Sie war ganz ähnlich den auf langen Stangen aufgestapelten Fastenbrezen, wie sie noch vor dem Ersten Weltkrieg auf dem Bistritzer Kornmarkt verkauft oder in Schaas am Palmsonntag an die Kinder verteilt wurden.

Bevor nun die vielen vorbereiteten, bunten Eier ihre Besitzer wechselten, gingen am Morgen des zweiten Ostertages die Männer, Burschen, ja auch die Buben »bespritzen« oder »begießen«. Das Wasser spielte – neben dem Feuer – im Brauchtum des Jahres seit frühesten Zeiten eine große Rolle. Es hatte reinigende Kraft und sollte auch das Wachstum und die Fruchtbarkeit fördern: auf diese Symbolsprache gehen ja die meisten der an die Frühjahrszeit gebundenen Volksbräuche zurück. In streng abgegrenzten Gruppen Gleichaltriger gingen die Knechte zu den Mägden und die Schulknaben zu den Schulmädchen von Haus zu Haus, um sie zu bespritzen. Anderswo oder in den Städten war meist ein allgemeines Spritzen üblich, aber nur unter Bekannten. Früher nahm man bloß Wasser, das man den Frauen und Mädchen über Kopf und Brust träufelte. Später ging man über zu wohlriechenden Wässerchen wie Parfüms, Rosenwasser, Lavendel, Kölnisch Wasser, auch behalf man sich zuweilen mit gefärbtem Wasser, das wenig roch, aber meist arg klebte. Oder man griff zurück auf so manches Geheimrezept der Mutter, die für das Parfüm ihrer Kleinsten Wasser mit Orangenschalen und Majoran ansetzte.

Oft waren die Häuser, in denen Mädchen wohnten, mit Rosmarinzweiglein gekennzeichnet. Gerne wurden die Burschen eingelassen und mit Eiern reich beschenkt. In Windau benützten größere Schulknaben mit Vorliebe »Spritzbüchsen«, mit denen man das Wasser in einem scharfen Strahl weit herausspritzen konnte. Kurz: landauf, landab wurden die »Blümchen« fleißig begossen. Durch Ausschreitungen bedingte Verbote in früheren Jahrhunderten konnten diesen Brauch nur vorübergehend eindämmen, manche Derbheit einschränken, ihn aber niemals ausrotten. Selbst heute, wo der Großteil der Siebenbürger Sachsen nicht mehr in der angestammten Heimat lebt, ist dieser Brauch überaus lebendig, wo immer sich Landsleute zusammenfinden – und sei es nur in der Familie.

Häufig fand am Ostermontag auch der »Zugang« (Sitzung) der Bruderschaft statt, bei dem die neu konfirmierten Burschen in die Bruderschaft »eingegrüßt« (aufgenommen) wurden. Ein Tanz oder eine Theateraufführung am Abend beschloß diesen Tag. Der *dritte Ostertag* gehörte hauptsächlich der Jugend. Beliebt war das *Eiertschoken*, das *Eierschlagen*, der *Eierwettlauf* und das *Hahnschlagen*. Der *Eierlauf* der Bruderschaft war dabei wohl die beliebteste Veranstaltung: es gab unzählige Varianten. Im wesentlichen ging es stets darum, daß ein Bursche eine ungeheuer große Menge von rohen Eiern (es konnten bis zu 500 Stück sein!), die zuvor der Straße entlang oder auf einer Wiese verteilt worden waren, unter Beachtung bestimmter vorgegebener Regeln einsammeln mußte. Währenddessen mußte sein Kamerad und Gegenspieler entweder auf eine nahe Bergkuppe laufen und zurückkehren (Großkopisch), in den Weinberg einer benachbarten Gemeinde laufen und einen gekennzeichneten Rebpfahl mitbringen (Halvelagen), aus dem Wald ein zuvor bezeichnetes Bäumchen holen (Keisd), das Dorf umlaufen (Pruden und Maldorf) oder zum Bahnhof laufen (Neppendorf). Wettgruppen verfolgten belustigt das Geschehen und feuerten die mit bunten Bändern gekennzeichneten Läufer an. Gewinner war allemal die Bruderschaft, die sich am Abend bei bester Laune und viel Wein das große Rührei (»Fonkuch«) schmecken ließ. Kam es zuvor noch zum *Hahnschlagen*, wurde auch die dort errungene Siegestrophäe gemeinschaftlich verzehrt. Das Hahnschlagen, eine ursprünglich keineswegs auf Siebenbürgen beschränkte, sondern weit verbreitete magische Handlung mit Opferritus und zuletzt nur noch als Brauchspiel (ähnlich wie das Gansabreiten) verstanden, wurde hier seit der Jahrhundertwende nur noch vereinzelt ausgeübt, wobei auf einen meist geschmückten, weißen Hahn geschossen, geprügelt oder mit einer Rute geschlagen wurde.

Pfingsten und Kronenfest

Pfingsten wurde im Laufe der Zeit herausragender Sammelpunkt aller Mai- und Sommerfeste, auch wenn sich mancherorts Bräuche um den 1. Mai erhalten haben. Das junge Laub, meist junge Birkenzweige, auch Eichen-, Linden- oder Buchengrün, gehört nach wie vor zum Monat Mai; man kannte

Maien (ungeschmückte, junge Laubbäume), die man der Liebsten vor das Haus pflanzte, solche für herausragende Persönlichkeiten des Dorfes oder solche, die man in der Kirche aufstellte, und die den Frühling und das Wachstum symbolisieren sollten.

Altes Maibrauchtum wurde in Siebenbürgen im wesentlichen an Pfingsten, z. T. auch beim großen Sommerschulfest, dem »Gligori« (Gregorius, 9. Mai), oder am Johannistag (24. Juni bzw. am Peter- und Paultag, 29. Juni) lebendig. So feierte man in der Repser Gegend am Pfingstmontag das *Fest der Pfingstköniginn*, dem sonntags zuvor die Wahl voranging. Die Mägde wählten drei Königinnen, drei Schulmädchen, die von der festlich gekleideten Schwester- und Bruderschaft feierlich abgeholt wurden. Altersmäßig gestaffelt, führten die Mädchen und Burschen die drei Königinnen bis zur Dorfmitte, wo man ihnen huldigte. Andernorts wurde eine »Königin gemacht«, d. h., eine Magd zur Königin gewählt, festlich geschmückt und im feierlichen Zug zur Pfingstkrone in der Dorfmitte geleitet. Vor dem Ersten Weltkrieg kannte man in Deutsch-Weißkirch, Seiburg und Stein den *Königinnentanz*, bei dem drei etwa acht Jahre alte Schulmädchen, mit Festkleidung und blauem, das Gesicht verhüllenden Schleier über dem Borten als »Königinnen« kenntlich gemacht, den Mittelpunkt des Festes bildeten. Ihnen wurden drei weißgekleidete »Bräute« (Altmagd, Jungmagd und ein drittes Mädchen) zur Seite gegeben. Während des »Roans« (des Reihens = festgelegte Abfolge beim Tanzen) und während man das Lied »Erwacht zu neuem Leben, steht vor mir die Natur« sang, entfernten die Bräute den blauen Schleier der Königinnen; daraufhin drehte jede Braut ihre Königin in einem würdevollen Tanz. Nachdem die kleinen Königinnen der Reihe nach den Amtsknechten zum Tanz vorgeführt worden waren, vergnügte sich die anwesende Jugend bei freiem Tanz.

In einigen Gemeinden des unteren Harbachtales waren *Pfingstkönigsfeste* bekannt. In Leschkirch wurde ein solches Fest noch 1940 am dritten Pfingstfeiertag begangen. In ihm waren neben Anklängen an die Maifeiern auch Formen der Bauernhochzeit deutlich zu erkennen. War die Wahl von Pfingstkönig und Pfingstköniginn getroffen, bestimmte der König vier Kronenträger, kenntlich an einem Band am Oberarm, und die Königin vier Kronenträgerinnen, die Blumenkränzchen im Haar trugen. Am eigentlichen Festtag wurde der König in festlichem Zug abgeholt, dessen unübersehbarer Mittelpunkt die aus Laub und Blumen gewundene Frühlingskrone war; sie wurde von den vier Trägern bzw. Trägerinnen mit Hilfe von vier in Kerbschnitt geschnitzten und mit Bändern verzierten Spinnrocken getragen. Der König erwartete, angetan mit Schnürrock, Schwert und Krone, den Zug im elterlichen Hof. Die vier Kronenträger erbaten in feststehender Rede den König, der sich auf das bekränzte und gesattelte Pferd schwang und, gefolgt vom langen Festzug, in langsamem Schritt zum Hof der Königin ritt. Dort stellte sich der ganze Zug um Krone und mitgeführte Fahnen auf, während sich der König in das Haus der Königin begab und diese von ihrem Vater in wohlgesetzten Worten abverlangte. Der König führte die mit einem goldenen Spangengürtel und einem Kränzchen im Haar geschmückte Königin unter die gewundene, grüne Frühlingskrone, und alles schritt zu einer kurzen Feier dem Kirchplatz zu. Das Fest klang auf dem Tanzplatz im nahegelegenen Wald aus.

Am zweiten Pfingsttag fand in Deutsch-Zepling ein Wettstreit der Burschen zu Pferde statt, in dessen Verlauf der *Pfingstkönig* ermittelt wurde. Vor dem Start des Wettrennens mußten die Reiter, die bei dieser Gelegenheit ein eigenes Festgewand mit hochstehender Kappe trugen, als Mutprobe im Galopp von einem Pfosten einen Blumenkranz abreißen, in dem Brennesseln und Dornen versteckt waren. Daher wurde dieses Fest auch Kranzabreiten genannt. Der Sieger (Pfingstkönig) wurde von der Altmagd mit einem Kunstblumenstrauß beschenkt, der an seiner Mütze befestigt wurde und ihn beim Kirchgang das ganze Jahr hindurch auszeichnete. In Hahnbach trägt gegenwärtig der Pfingstkönig eine Kirschenkrone: auch das Kennzeichen einer großen Variationsbreite dieses Brauches.

Eines der schönsten bäuerlichen, ausschließlich von der Jugend gestalteten Feste in vielen Dörfern Siebenbürgens, besonders im »Alten Land« (Gebiet zwischen Kokel und Alt), ist das *Kronenfest zu Johannis oder zu Peter und Paul*. Es fällt in die Zeit der Ernteerwartung und -vorbereitung, denn am Johannistag wurden auch die »Gründe aufgetan«, d. h., die Wiesen zum gemeinschaftlichen Mähen freigegeben. Wie jeder lebendige Brauch wandelte sich das beliebte Kronenfest von Gemeinde zu Gemeinde bis in die Gegenwart, ja wird mit zunehmender Begeisterung auch von den in den Westen ausgesiedelten Siebenbürger Sachsen durchgeführt. So mischen sich alte Brauchelemente zu immer neuen Kombinationen, die in Abwandlung auch in anderen westeuropäischen Ländern, besonders in Belgien, Holland, Deutschland und Österreich bekannt sind. Die siebenbürgische Pfingstkrone reiht sich damit in die große Gruppe von Wachstumssymbolen in Baum- und Stangenform ein. Neben Hängekronen, die unter die Decke des Tanzsaales gehängt wurden (z. B. in Talmesch), und Tragekronen, die im Heischegang durch die Ortschaft (z. B. in Probstdorf) getragen wurden, sind die verschiedensten Formen der Baumkronen bekannt.

In Leblang erfuhr der Brauch seine reichste Ausgestaltung, wovon das Verstecken der Krone im Ährenfeld, der Flurumritt der Burschen und der Umzug durch den Ort zum Kronenplatz kündeten. Die Grundbausteine der Krone waren überall die gleichen: An einem geschälten, geglätteten, oft bis 20 Meter hohen Buchen-, Tannen- oder Eichenstamm wurde an dessen Spitze ein Wagenrad befestigt, und darauf eine von den Mädchen des Dorfes mit grünem Laub, Feldblumen, Früchten und Weizenähren gewundene und geschmückte, glockenförmige Krone aufgesetzt. Jedes Dorf hatte seine ganz eigene »*Gehonnesblom*« *(Johannisblume),* die in der Johannisnacht ihre Zauberkraft ausüben sollte und deshalb mit Vorliebe in die Krone eingewunden wurde; so flochten die Mädchen in Scharosch die Krone nur aus weißen Margeriten (als weiße Krone gehörte sie in der Farbgebung zu den schönsten Kronen überhaupt!), in Kerz aus gelben Johannisblumen, in Großscheuern aus violetten Vogelwicken. In Bekokten, Braller und Meschendorf wurde die große Kreuzblume, im Volksmund »Johannisschwänzchen« genannt, verwendet. Fast alle Johanniskronen hatten bunte Blumensträuße an der Spitze – vielfach leuchteten auch kleine Sträußchen auf den Hüten der Burschen. Im Hohlraum der Krone verbargen die Mädchen eine hölzerne Flasche (»Tschutra«) mit Wein, allerlei Backwerk und Kränze von Johannisbeeren oder anderen Früchten. All das bildete den Lohn für den Geschicktesten der Burschen, der ohne jedwede Hilfe den glatten Stamm hinaufzuklettern verstand. Das Einholen des Baumes aus dem Wald durch die Burschen und das Binden der Krone durch die Mädchen, der Umzug durch das Dorf, das Aufstellen des Baumes (meist am Vorabend des Festes), der Wettkampf der Burschen im Klettern, das Herabwerfen von Backwerk aus luftiger Höhe in die Menge der in Erwartung unter der Krone verharrenden Kinder, die »Kronenpredigt« (auch »Krähenpredigt«) des Siegers im Kapuzinerstil von der Krone herab und der Tanz der Jugend um die Krone waren und sind feststehende Elemente des Festes. In Baaßen war der Schulplatz, auf dem die Krone stand, völlig mit Wiesenblumen übersät. Mancherorts wurden auch Kronen in kleinerem Format von Kindern gebunden. Die Brauchtumshandlung war die gleiche wie bei den Kronen der Jugendlichen.

Herbst

Im Laufe des Sommers stand die Feldarbeit im Mittelpunkt des bäuerlichen Lebens. Da blieb kaum Zeit für fröhliche, ausgelassene Feste, außerdem war die Bevölkerung rechtschaffen müde von der körperlichen Anstrengung. Ab Erntebeginn nach dem Peter- und Paultag wurde die Arbeit zudem immer mehr. War dann die Ernte eingebracht, fanden da und dort *kleine Feiern zum Abschluß der Erntetage* statt. In Senndorf banden um 1930 die Schnitterinnen, meist rumänische Taglöhnerinnen, aus den schönsten Weizenähren einen Kranz, den sich eine von ihnen ins Haar drückte und ihrer Gruppe voran ins Dorf schritt. Auf dem Weg zum Hof des Bauern wurden sowohl der Kranz als auch dessen Trägerin von den Dorfbewohnern unter Jubel mit Wasser begossen. Feierlich überreichten die Schnitterinnen den Kranz der Bäuerin und beglückwünschten den Bauern zum glücklichen Ende der Ernte, was jeweils mit einem guten Essen, Kuchen und Wein abgegolten wurde.

In den Herbst (»Härwest«; damit bezeichneten die Sachsen gleichermaßen Obsternte und Weinlese) fiel meist das *Kirchweihfest*. Es war so recht ein Familienfest, denn von allen Seiten strömten die geladenen Gäste und die festlich gekleidete Verwandtschaft mit Pferdefuhrwerken herbei, um zusammen den Festgottesdienst zu besuchen. Es kam nicht selten vor, daß ein Bauer 30–40 Personen am Kirchweihtag zu Tisch bat. Gastfreundschaft wurde in Siebenbürgen stets groß geschrieben! In Senndorf etwa, wo Kirchweih auf den zweiten Sonntag im November fiel, wurde nach dem reichhaltigen Mittagessen auch der junge Wein (Sturm) probiert, die Stallungen und das Vieh besichtigt und anschließend bei Musik bis in die Morgenstunden das Tanzbein geschwungen; bei Tag und schönem Wetter tanzte man im Freien unter der großen Dorflinde und den Kastanienbäumen (Windau), am Abend stets im Saal. Dieser Brauch konnte sich im Norden länger halten als im Süden des Landes.

In Siebenbürgen wurde der *Namenstag*, nicht der Geburtstag gefeiert. Auch waren es nur ganz bestimmte von den im Dorf häufig vorkommenden Namen wie Michael, Johann, Martin, Georg, Simon, Peter, Stefan und Samuel oder Anna, Maria, Katharina, Sofia und Susanna. In Nordsiebenbürgen wurden den Frauen gerne Kränze gewunden, bestehend aus verschiedenen Materialien, je nach Jahreszeit (Immergrün, Blumen, Obst etc.). Der Pfarrer und der Lehrer wurden an ihren Namenstagen mit einem besonderen Ständchen geehrt und beglückwünscht. In Windau bekam der Lehrer sogar eine aus lauter kleinen Kränzchen angefertigte Blumen- und Obstglocke, deren Klöppel ein runder Blumenstrauß war. In Hetzeldorf hatten alle diese Tage ihre besondere Bedeutung. Am Susannatag im Februar wurden der Selleriesamen und die Levkojen in Blumentöpfe ausgesät, um den Annatag herum war Dreschzeit, am Michaelstag mußte die Kartoffelernte beendet sein. Am »Kathrenjendoch« (25.11.) war Jugendball – auch Paarabend genannt –, an dem man die zukünftigen Brautpaare erkennen konnte. Diese *Herbstbälle* waren überaus beliebt, brachten sie doch Aufheiterung und Freude in die immer kürzer werdenden, oft trüben Tage.

Nach dem *Reformationsfest* am 31. Oktober wurde gewöhnlich, wenn auch nicht in allen Gemeinden, am vorletzten Sonntag des Kirchenjahres das *Erntedankfest* gefeiert. Bis dahin sollte möglichst die gesamte Ernte eingebracht sein. Dieser Brauch wurde in Windau besonders schön gefeiert, indem die Knechte der Bruderschaft die Kirche mit Tannenästen schmückten. Hierbei banden sie die dicken Äste an die Kirchenbänke, die Spitzen wurden wie ein Bogen über dem Gang zusammengeführt. Wurde dieser Schmuck nach einer Woche, der »Dunkwoch« (Erntedankwoche), wieder entfernt, blieb der von den Mägden kunstvoll gewundene Ährenkranz bis zum nächsten Erntedankfest auf dem Altar stehen.

Einen hübschen Brauch kennt man aus Urwegen, wo zum Abschluß des Kirchenjahres, am *Totensonntag*, die Frauen und Mägde zum Gottesdienst wie in der Fastenzeit dunkle Bänder und die Mägde anstatt des Bortens ein schneeweißes Schleiertuch auf dem Kopf trugen. Nach dem Kirchgang fanden in manchen Dörfern auf dem Friedhof Feiern zu Ehren der Toten, nach dem Zweiten Weltkrieg besonders der in den beiden Kriegen Gefallenen und der bei der Verschleppung nach Rußland Verstorbenen statt.

Weihnachtsfestkreis

»Kathrein sperrt den Tanz (die Geigen) ein« – dies galt auch in Siebenbürgen, und zwar bis Weihnachten. Kurz nach diesem Tag begannen bei den Kindern schon die Vorbereitungen für das Weihnachtsprogramm in der Kirche; Blasmusik und Chor intensivierten ihre Musikproben, und die spielbegeisterte Jugend probte für die Theateraufführung zu Weihnachten.

Die Vorweihnachtszeit war auch stets die Zeit des *Schweineschlachtens*, ein froher Festtag für die ganze Familie und deren Gäste. Obwohl sich der Spruch »Martini kit af der weißen Gorr geriden en« (Martini kommt auf dem weißen Gaul geritten) nicht immer bewahrheitete, gab es oft Schnee und Frost bei diesem Ereignis, worunter Füße, Hände und Nasen der zahlreich zusehenden Kinder oft zu leiden hatten.

Die Bäuerinnen gingen ans Hanklich- und Klotschbacken, auch Striezel, allerlei Kekssorten, Kuchen und Torten wurden vorbereitet, um für die Festtage gerüstet zu sein. Am schönsten aber war der *Christtag* selbst, in Hetzeldorf Christsonnabend genannt, an dem die Frauen den Christbaum in der Kirche (mancherorts auch im Gemeindesaal) schmückten und die Geschenkkörbe, in denen die unzähligen Kuchenherzen niemals fehlen durften, für die Bescherung der Kinder am Abend bereitstellten. Der *Christmann*, auch »Pielzmierten« oder »Krampes« genannt, erschreckte zwar die Kinder auf dem Heimweg mit Schellenklappern und Peitschenknallen, doch wurden sie durch Gaben wie Äpfel, Nüsse und Zuckerl, die er für sie hatte, wieder versöhnt.

Noch aufregender freilich war der *Leuchterbrauch* der Schulkinder in der Frühkirche (»Krästmatn«) des ersten Weihnachtstages. Das Vorbereiten und Schmücken des »Lichterts«, auch »Lichtertchen«, »Lichterchi«, vereinzelt auch »Krinzkn« (= Kränzchen) genannt, und das festliche Singen in der Christnacht meist um 5 Uhr früh bildeten den Höhepunkt der Christfreude. Für den Halvelagener Pfarrerssohn Gustav Adolf Schuller waren um die Jahrhundertwende »diese Wochen vom Wintergrünholen an eine Reihe festlich verklärter Augenblicke, die einen höheren Glanz in Schule und Haus hineintrugen und schließlich im Gotteshaus ihren alles überstrahlenden Abschluß fanden«. Meist durften sich die vier besten Schüler/innen der obersten Volksschulklasse je eine freigewählte, gleichaltrige Kindergruppe, »Parten«

genannt, zusammenstellen. Gemeinsam zog man in den Wald, um die unterschiedlichsten Materialien, besonders aber *Wintergrün*, für die Erstellung und den Schmuck des Leuchters zu sammeln. Die in den verschiedensten Formen, Materialien und Größen hergestellten Kerzenleuchter, deren Holzgestelle in der Regel Kreuzform hatten, wurden unter Mithilfe von Lehrern und/oder Eltern alljährlich neu aufgeputzt. Alles dazu Erforderliche wurde von den Schulkindern bzw. deren Eltern selbst besorgt, sogar die Kerzen wurden von den Vätern der Schüler gedreht. Das Jahr über wurden die Leuchter in der Sakristei, in der Schule, in der Kirche oder in der Familie des Besitzers aufbewahrt. Meist wurden vier bis sechs Weihnachtsleuchter im ganzen Kirchenraum verteilt aufgestellt, um die sich Buben- bzw. Mädchenchöre scharten, die mit der Gemeinde während des Gottesdienstes einen auf alter Tradition beruhenden *lateinisch-deutschen Wechselgesang* anstimmten.

Dieser Brauch geht vermutlich auf die Zeit vor der Reformation zurück. Seine früheste, wenn auch nur beiläufige Erwähnung findet sich im Jahr 1800. Für ein bedeutend höheres Alter aber spricht der im wesentlichen noch heute lateinisch gesungene Liedertext. Vergleichbare Ausformungen der bei diesem Brauch verwendeten Leuchter gibt es auch außerhalb Siebenbürgens (in Brandenburg, Pommern, der Schweiz und Schlesien), doch ist weder eine genaue Übereinstimmung noch eine unmittelbare Abhängigkeit nachzuweisen, mögen auch Traditionen oder Kultureinflüsse von weither wirksam gewesen sein. Das »*Quempas-Singen*« ist ein Kinderbrauch, das dabei verwendete Leuchterchen ein Sinnzeichen, das eindeutig auf das Weihnachtsfest Bezug nimmt. Die Kinder waren eingebunden in das Geschehen um Christi Geburt, sie verkündeten dessen Lob und Preis mit ihrem Singen und hatten so ganz wesentlich Anteil an der Gestaltung des Kirchenfestes. Beim Wechselgesang wurde entweder das viergliedrige, aus dem 9. Jahrhundert stammende »Quem pastores laudavere« mit deutscher Verseinstreuung gesungen, der alten Melodie ein deutscher Text unterlegt (»Kommt zusammen, Christi Glieder« wie etwa in Nordsiebenbürgen), oder es wurden überhaupt deutsche Kirchenlieder mit dazwischen eingefügtem Liedgut verwendet. Hier wirkte das lateinische Lied nur insofern nach, als man Lieder wählte, die den traditionellen Wechselgesang ermöglichten.

Welche *Verbreitung der Leuchterbrauch* einst hatte, ist nicht mehr mit Sicherheit zu ermitteln. Auch wenn er vielleicht nicht in allen Gemeinden geübt wurde, so läßt sich zumindest sagen, »daß alle dörflichen Gemeinden des Nösner Gebietes und des Reener Ländchens, des Unterwaldes und des ehemaligen Kysder und Kosder Kapitels den Lichtert hatten, daß er den Gemeinden im Tal der Großen Kokel, den Dreizehndörfern, im Harbachtal und in der Hermannstädter Gegend vertraut war, daß er sogar im Burzenland einst aufgestellt und dort erst in den 80er Jahren des vorigen Jahrhunderts abgekommen ist« (Ludwig Binder).

Eine 1988 in Siebenbürgen kirchenamtlich durchgeführte Umfrage hat ergeben, daß das Leuchterbinden und -singen zu Weihnachten 1987 noch in 40 evangelischen Kirchengemeinden stattfand! Viele ausgewanderte Siebenbürger Sachsen griffen diesen Brauch in ihrer neuen Heimat auf, so daß er nunmehr auch in Deutschland und Österreich anzutreffen ist. Der Weihnachtsleuchter ist weder ein Vorläufer noch ein Ersatz des *Christbaumes*, der, 1830 durch einen eingewanderten Dänen in Kronstadt anfänglich bezeugt, sich in der Kirche nur langsam neben dem Leuchter behaupten konnte und auf dem Land auch erst nach dem Ersten Weltkrieg zögernd Eingang in die Bauernstuben fand.

Wie alle Hochfeste des Jahres wurde auch Weihnachten in Siebenbürgen drei Tage lang gefeiert. Der Hauptgottesdienst verlief ähnlich wie zu Ostern und zu Pfingsten, mit viel Kirchenmusik und Gesang. Nach dem Kirchgang herrschte weitgehend Ruhe bis zur Vesper, die einen Opfergang beinhaltete. Die Abende (und halben Nächte) aber waren dem geselligen Leben mit Essen, Trinken und Tanz vorbehalten. Das Jahr neigte sich seinem Ende zu, an dem man wieder – wie in Windau – von Tischen und Stühlen ins Neue Jahr sprang.

BRAUCHTUM IM LEBENSLAUF

Geburt und Taufe

Im Leben einer sächsischen Bauernfamilie gab es kein Ereignis von Bedeutung, bei dessen Feier nicht »Worte gemact« wurden. Die durch Überlieferung feststehenden, von Dorf zu Dorf variierenden, in Prosa, nur zum Teil in Versen und stets in Mundart abgefaßten längeren oder kürzeren Reden und Gegenreden wurden nur teilweise schriftlich überliefert, sonst mündlich tradiert. Sie alle waren durch beachtenswerte Lebensweisheit auf religiöser Grundlage gekennzeichnet. Da es nicht jedermanns Sache war, diese oft längeren Reden zu halten, gab es eigene *Wortmänner*. Dies feierliche Tun war bei allen Festen durch einen ebenso ungeschriebenen, aber verbindlichen *Kleiderzwang* unterstrichen. Auch Sitzordnung und Reihenfolge bestimmter Handlungen folgten festen Regeln. Und selbst die Art der Speisen an Fest- und Feiertagen war an einen bestimmten überlieferten, sich nur langsam ändernden Codex gebunden.

Kündigte sich ein »Ehezweiglein«, also Nachwuchs, an, so hieß es in Heldsdorf von der werdenden Mutter, »se as ant Asatzen kun« (sie ist ins Einsitzen gelangt) oder »de Kap as amgefallen« (der Rauchfang ist umgefallen). Die Volksstimme hatte auch in Siebenbürgen wie wohl in der ganzen Welt eine ganze Reihe von allgemeinen und belehrenden *Mahnungen* parat, die Mutter und Kind vor bösen Folgen bei einer etwaigen Verfehlung schützen sollten. Schwere Arbeiten, Stöße, ja selbst das unbeabsichtigte Anstreifen an eine Blume, seelische Aufregungen und vor allem das »Versehen« sollten gemieden werden. In Mettersdorf brachte die »Åmtfrå« (Hebamme) das Knäblein vom knorrigen »Birm« (Birnbaum), das Mädchen vom schlanken »Pelsm« (Zwetschgenbaum); im Mediascher, Schenker und Repser Bezirk hatte »der Bäschgriuß« (Waldgroßmutter) »en eos dem Bach gefäscht« (es aus dem Bach gefischt). Rund um Hermannstadt und Schäßburg erzählte man sich, die Kinder kämen aus der Erde und vom Gebirge. In Tschippendorf holte die »Gruisse« das Kind »aus der Borte« (dicke, hohle Eiche).

Die *Geburt* selbst, bei der der Vater des Kindes nicht in der Stube sein durfte, ließ sich durch allerlei Mittel erleichtern. Allgemein üblich war das Lösen alles Geknüpften wie Knoten, Bänder, Zöpfe. Alle Fenster wurden geschlossen und zugehängt, die Türe verriegelt, alle anderen Schlösser im Haus aber aufgesperrt. Wärmende, krampfstillende Mittel zum Einnehmen oder Dampferzeugen wurden gebraut, unter das Kissen wurde ein Gesangbuch oder Kräuter gelegt. In Mettersdorf wurde das Bett der Gebärenden mit weißen, von der Decke bis zum Fußboden reichenden Leintüchern verhängt, genannt das *»weiße Haus«*.

»Mer hun en Gangen (e Medche) bekun« (wir haben einen Buben, ein Mädchen bekommen) war der erlösende, freudige Ausruf der Hebamme. Die *Amtfrau* betreute nicht nur die Geburt, sie war auch verpflichtet, zwei Wochen lang die Mutter zu versorgen und das Kind zweimal, danach weitere zwei Wochen lang einmal zu baden.

Kam das Kind »mit der Glückshaube« zur Welt (d. h., sein Köpfchen war aufgrund eines ausgebliebenen termingerechten Blasensprungs noch teilweise von der Embryonalhülle bedeckt), oder war es gar ein Sonntagskind, so war für die Zukunft kein Unbill zu befürchten. Ansonsten gab es allerlei Vorkehrungen, Anordnungen, Wunschzauber, Abwehrmittel besonders gegen den heimtückischen »Alf« (Elf) und seine Nachstellungen und gegen den bösen Blick. Sie wurden zwar bis in die Mitte unseres Jahrhunderts nicht mehr alle angewandt, doch sind sie im Erfahrungsschatz vieler Siebenbürger Sachsen noch voll gegenwärtig. Ein reichhaltiges Sammelbecken für diese Bräuche mit all ihren Variationen rund um die Geburt scheinen besonders Nordsiebenbürgen und das Gebiet der Dreizehndörfer zwischen den beiden Kokeln gewesen zu sein.

Der Kindesvater mußte nach der Geburt dem Pfarrer das Kind anzeigen und ihn bitten, die Taufe durchzuführen. Dazu zog er seine Kirchentracht mit dem Kirchenpelz an und brachte seine Bitte in wohlgesetzten Worten vor. In ähnlich umständlicher Weise ging das *Gevatterbitten* vor sich. Gewöhnlich wurden bei Knaben zwei Paten und eine Gode, bei einem Mädchen ein Pate und zwei Goden gebeten; in Weilau waren es gar vier bis sechs Paten und ebenso viele Goden, so daß ein Kind bis zu zwölf Paten/Goden bekommen konnte. Ebendort trug 1870 der bittstellende Vater einen Blumenstrauß an einem Stock für einen Buben, für ein Mädchen ein rotes Band mit sich. Stets war es eine große Ehre, die Patenschaft für einen Säugling zu übernehmen, und konnte nicht abgelehnt werden.

Die Kindesmutter durfte nicht eher wieder an die Öffentlichkeit treten, bevor sie nicht ca. vier Wochen (in Tschippendorf waren es früher sechs Wochen) nach der Niederkunft mit dem Kind im Arm und in Begleitung einer Vertrauensperson vor dem Altar *eingesegnet* worden war: »ze Kirichn gohn«, sagte man in Nordsiebenbürgen. Dies war eine kluge, gesundheitliche Schutzmaßnahme für die Mutter! Die Frauen der Nachbarschaft und die Gevatterinnen brachten der noch »einsitzenden« Wöchnerin und ihrer Familie in dieser Zeit täglich das Essen, zumeist stärkende Fleischsuppen und kräftigende Mehlspeisen. In Windau beteiligten sich daran auch die zur Taufe geladenen Frauen, so daß das Haus oft monatelang versorgt war.

Altsächsische Sitte kam am *Tauftag* zum Tragen, der schon zwei bis drei Wochen nach der Ankunft des Kindes stattfand. An diesem Tag erfolgte auch der förmliche *Eingruß* der Paten und Patinnen in die Gevatterschaft mit den Eltern des Kindes, wobei beide Seiten sich der gegenseitigen Liebe und Treue versicherten. Die älteste oder jüngste Gode durfte das Kind zur Kirche tragen, während die junge Mutter zu Hause blieb, nicht aber der Vater. Der Säugling wurde schön geschmückt und in der Regel in das seidene Brauttuch der Mutter gewickelt. Die *Taufe* selbst war stets eingebunden in einen Gottesdienst im Beisein aller Kirchenbesucher, und das Kind somit von Anbeginn eingebettet in die Gemeinschaft. Bei der Landbevölkerung Siebenbürgens war es bis in die jüngste Gegenwart beliebt, dem erstgeborenen Sohn den *Namen* des Vaters zu geben, dem ersten Mädchen den der Mutter oder der Großmutter.

Auf dem Nachhauseweg von der Taufe spielte die Hebamme (und/oder die »Kochesfrauen«, die Köchinnen) eine wichtige Rolle; sie versperrte als Zeremonienmeister der Taufgesellschaft den Weg und stellte den Goden, bevor sie die Türe des Taufhauses öffnete, allerlei Fragen und lustige Rätsel. Bei der Übergabe des Kindes an die Mutter hieß es allgemein:

»Einen Heiden trugen wir hinaus, einen Christen bringen wir herein.«

Zur »Kaimes«, dem Taufschmaus, steuerten alle Nachbarinnen die Naturalien bei. Das Pfarrerehepaar, oft auch der Lehrer, fehlten dabei nie. Nach den offiziellen Ansprachen wurde die Gesellschaft aufgefordert, »sich zu belieben und zu belustigen«. Allerlei Spiele hoben die Feststimmung, und wiederum sorgte besonders die Amtfrau für Erheiterung. Nach erfolgter Einsegnung der Mutter war auch die Fürsorge der Hebamme für Mutter und Kind zu Ende; sie erhielt noch ein »Ausschenkessen« und Naturalien zur Entlohnung, die in Maniersch »Unterhosenzoll« genannt wurde.

Konfirmation

Im 8. Schuljahr erhielten die Kinder zusätzlich zum Religionsunterricht auch die Konfirmandenunterweisung, die meist ab Neujahr oder später erteilt wurde. Mit Beginn des Konfirmandenunterrichts nahte das Ende der unbeschwerten Kinderzeit. Wer bis zu einem bestimmten Stichtag das 15. (Mädchen das 14.) Lebensjahr erreicht hatte, wurde am Palmsonntag konfirmiert. Dieser Tag war überaus bedeutend für die ganze Gemeinde, besonders aber für die Familien, deren Mitglied konfirmiert wurde. In manchen kleineren Gemeinden wurden bei der Feier zwei Jahrgänge zusammengelegt.

Mit der Konfirmation übernahmen die jungen Leute einen Teil der Rechte und Pflichten der Erwachsenen. Zwar lernten viele von ihnen schon frühzeitig den Ernst des Lebens kennen, wenn sie bereits im Kindesalter bei der Ernte und anderen Arbeiten in Hof und Feld mithelfen mußten, denn kostenlose Arbeitskräfte wurden dringend benötigt. Der *Konfirmationsgottesdienst* war einer der feierlichsten im ganzen Kirchenjahr, zumal es die erste Gelegenheit für junge Leute war, das Abendmahl einzunehmen. Alte Sitte schrieb vor, daß man vorher allen Verwandten, Freunden, besonders aber den Taufpaten danken und sie um Verzeihung bitten mußte (*»Versöhnabend«*), um mit reinem Gewissen vor den Altar treten zu können. Auch hier erleichterte eine feststehende Rede das Vorhaben der oft ungewandten oder schüchternen jungen Leute: »Bevor ich das Abendmahl einnehmen kann, bitte ich Euch, mir zu verzeihen, wenn ich Euch mit etwas gefehlt habe, Euch Unrecht getan, Euch gekränkt habe« – so ähnlich war

158 Urzeln in Sachsenheim, Baden-Württemberg, 1970. Ein Urzel – süddeutschen und alpenländischen Fastnachtsgestalten vergleichbar – steckt in einen hellen Leinwandanzug, der über und über mit gleich langen, dunklen Stoffstreifen benäht ist und entfernt an einen Bären erinnert (rumän. ursule = Bär); er trägt eine pelzverbrämte, bemalte Drahtmaske mit einer hochaufstehenden Bussardfeder, einen langen Hanfzopf, einen breiten Ledergürtel mit zwei Kuhglocken und in den Händen eine »Quetsche« (auch »Pritsche« genannt) zum Schlagen und Ergreifen von Krapfen sowie eine »Korbatsche« oder »Gaussel« (lange Lederpeitsche mit kurzem Stiel), mit der man ein rhythmisches Knallen erzeugen kann. Die angeheftete Nummer zeugt von beglichener Geldabgabe; erst diese erlaubt eine Teilnahme am Urzelnlauf.

der Inhalt dieser Rede. Die freundliche Antwort »Du hast uns nicht gefehlt. Geh in Gottes Namen« und ein kleines Geldgeschenk, von den Paten meist auch ein Kleidungsstück, ermöglichten erst das Einnehmen des *Abendmahls*. Der Konfirmation voran gingen auch eine feierliche *Prüfung* und eine *Beichte* in der Kirche, die im Rahmen eines Gottesdienstes meist am Vorabend stattfanden. Am Palmsonntag trugen die Konfirmanden zum ersten Mal den schweren Kirchenpelz, die Mädchen erstmals den Borten mit den langen, buntbestickten Bändern. Als Zeichen ihrer Jungfrauenschaft wurde er zu Kirchenbesuchen und Hochzeiten angelegt und erst nach der eigenen Trauung mit einem besonderen Zeremoniell abgenommen.

Mit der Konfirmation war die Aufnahme, das »Eingrüßen«, in Bruder- und Schwesterschaft verbunden, deren »Zugang« kurz darauf stattfand, ebenso der neue Sitzplatz nach strenger Sitzordnung in der Kirche, die Teilnahme an allen Vergnügungen der Jugend sowie die Möglichkeit, Taufpate sein zu können. Nach dem Gelöbnis, als rechter Christ nach der Lehre Jesu Christi zu leben und zu sterben, wurde jeder Konfirmand einzeln eingesegnet und erhielt vom Pfarrer einen Spruch auf den Weg, der ihn durch sein ganzes Leben begleiten sollte.

Verlobung und Hochzeit

In Siebenbürgen waren Neigungsheiraten zwar nicht ausgeschlossen, doch war das Werben und Freien in der Regel nicht Sache des einzelnen, sondern der betreffenden Familien; sie bestimmten nach wohlüberlegter Prüfung aller in Betracht kommender Umstände, daß »der Acker den Acker, der Weinberg den Weinberg und der Hof den Hof« heiraten sollte. Sich vermählen hieß auch sich »frängden« (sich einfreunden), in die Freundschaft, die Sippe aufgenommen werden; da sah jedermann zu, daß es nicht unter seinem Stand geschah!

Die Brautleute waren in der Regel sehr jung, besonders das Mädchen, sollte es doch versorgt sein, »ehe es 1000 Wochen alt wurde«; oftmals lag auch die Konfirmation nicht weit zurück. War die Wahl getroffen, so stellten auf dem Land Huldigung, Werbung und Verlobung nach überlieferten, von Dorf zu Dorf unterschiedlichen Formen bis weit in unser Jahrhundert hinein das Vorspiel zur Hochzeit dar. Die wesentlichen Elemente von den ersten zarten Annäherungen bis hin zur Hochzeit, in denen sich alte Rechtsnormen widerspiegelten, zeigten gewisse Ähnlichkeiten. Blieben die zunächst eher versteckten, später aber demonstrativ gezeigten *Huldigungen* wie etwa kleine Geschenke vom Jahrmarkt, der vor das Haus gesetzte Maien (Maibaum) oder das am Palmsonntag in die Giebellöcher gebundene grüne Tannenreis nicht unerhört, so erwiderte das Mädchen diese Zeichen, z. B. mit selbstgebundenen Blumensträußchen für den Hut des Burschen, die er an Sonn- und Feiertagen aufsteckte. Im Haferland (Harbachtal und Repser Gegend) war es ein untrügliches Zeichen gegenseitiger Zuneigung, wenn das Mädchen dem Burschen beim Hafereinführen half. Bis zum Katharinentag wollten die Familien die Eheschließung ihrer Kinder in der Regel »festmachen«, und beim Kathreinball wußten es dann alle: Diese beiden werden ein Paar!

Die Hochzeiten fanden früher im Winter statt, meist war ein Mittwoch dafür vorgesehen. Erst um 1930 ging man von diesem »Hochzeitsmittwoch« vielfach ab. In Alzen wurden sämtliche Hochzeiten an einem Tag in der »Alzener Hochzeitswoche« (Woche vor dem Katharinentag) abgehalten; waren es zu viele Paare, wurde ein Teil auf die darauffolgende Woche verschoben.

Den ersten Schritt, damit es überhaupt zu einer Heirat kommen konnte, hatte der junge Mann zu tun. Er unternahm, eventuell mit einem Verwandten, einen Besuch bei den Eltern der Auserwählten, um zunächst einmal die Situation zu erkunden. Das *Fragen* des Burschen, der sein Begehr in festgelegten Worten vorbrachte, war der nächste Punkt. Erst nach erfolgter Zusage konnte nun sein Vater beim zukünftigen »Gegenvater« um das »Versprechen« bitten und sich erkundigen, »ob denn alles also sei«. Diesem »heimlichen Fragen« folgte das *offizielle Werben* (auch Freien, Heischen) durch den Freimann, Wortmann

159 Gepäschkentanz, Frauendorf 1980. Im Unterschied zum traditionellen Brauchtum entstand nach 1945 eine vom Staat diktierte und geförderte Folklore, die besonders der Schaustellung diente und sich durch vereinheitlichte Trachten ausdrückte, wie etwa beim Gepäschkentanz in Frauendorf. Es spielen zwar alte Brauchelemente bei dem zur Fastnachtszeit aufgeführten Umzug mit (Blumen als Symbol der erwachenden Natur), doch wirkt er durch die Gleichförmigkeit veräußerlicht. Bis zu 400 Kunstblumen schmückten in den 80er Jahren den überdimensionalen Aufputz der Männerhüte: die Blumen sollten die 365 Tage des Jahres versinnbildlichen.

oder Hochzeitsvater als Vertreter der Sippe. Im Namen des Burschen hielt er in langer Rede um die Hand des Mädchens an. Das gelegentliche und förmliche Hinausziehen der Antwort steigerte das Ansehen des Mädchens. Erfolgte aber das befreiende »Ja, wir sind zufrieden, wir geben unseren Willen darin«, bekräftigten die beiden Brautleute sowie die Eltern des Mädchens mit Handschlag ihren Entschluß.

Nach wenigen Tagen schon wurde *Verlobung* gefeiert, es wurde »Braut gemacht« (Brokt mōchen). Bei diesem Anlaß kam es zur eigentlichen feierlichen Zusage des Mädchens an den Burschen vor den beiderseitigen Freundschaften und Bekräftigung dieser Zusage durch Handschlag, Handgeld, Kauftrunk (Almesch) und Ringwechsel. Letzterer Brauch wurde erst später Teil der kirchlichen Trauung. Das Brautpaar fand sich mit seinen zwei Wortmännern, alle in Kirchentracht, beim Pfarrer ein, der die jungen Leute in das Kirchenbuch eintrug, eine kurze Ansprache hielt und mit ihnen betete: daher oft die Bezeichnung »Betstunde«. An diese kirchliche Verlobung schloß sich das Verlobungsmahl im Haus der Braut an, wo es nach einem förmlich-feierlichen Teil mit langen Reden der Wortmänner meist fröhlich zuging.

An den *drei folgenden Sonntagen* wurde das Brautpaar vom Pfarrer in der Kirche aufgeboten. Die Braut erschien mit dem Myrtenkränzchen auf dem Borten als Zeichen ihres Standes, der Bräutigam steckte seinen Verlobungsstrauß aus Kunstblumen in ein dafür vorgesehenes Loch in der Emporenbrüstung, gut sichtbar vor seinem Sitzplatz in der Reihe der Knechte. Die Brautzeit war generell nur kurz, denn es hieß: »Langer Brautstand – kurzes Eheglück«.

Die wenigen Wochen waren der Zurüstung zur Hochzeit vorbehalten. Die *Einladung der Gäste* wurde entweder vom Brautpaar persönlich ausgesprochen, oder Bittknechte (auch »Lader«) und Bittmägde übernahmen diese Aufgabe in stets wiederkehrenden Redewendungen. Grundsätzlich wurde dreimal eingeladen, die letzte dringliche Einladung erfolgte noch am Morgen des Hochzeitstages. Bittknechte und -mägde gingen immer in Kirchentracht von Haus zu Haus; die Burschen trugen Blumensträuße auf den Pelzmützen und hatten je einen Stab mit einem kleinen Strauß in der Hand. Eine Hochzeit mit 100 Geladenen war keine Seltenheit, doch konnten es auch 300 und mehr Gäste sein.

Die *Hochzeit* selbst währte in der Regel eine Woche. Mit dem Holzzuführen der Burschen, dem Mehlsieben, Gewürzstampfen und Brotbacken begannen die Vorbereitungen. Lange vorher war schon die Hochzeitskuh gekauft und ein Schwein eingestellt worden. Drei Tage vor der Trauung wurden von allen Seiten Naturalien ins Hochzeitshaus geschafft (Hühner und Schweinefleisch, Eier, Zucker, Butter, Milch, Rahm, Mohn). Die Hochzeitsmütter hatten für diese Tage viele Helferinnen in das Brauthaus gebeten, Mädchen banden kleine Blumensträuße, die am Hochzeitstag an die Männer verkauft wurden. Hochzeitsknechte und Brautführer weckten mit einer greulichen Katzenmusik Frauen und Mädchen in aller Frühe. Ein »Koches« (provisorisches Kochhaus) mit mehreren Feuerstellen wurde im Hof des Brauthauses errichtet. Nun hub ein Gemüseputzen, Kraut-»zeddeln« (schneiden), Nudelnvorbereiten, Backen, Braten und Kochen an! Der reibungslose Ablauf der Hochzeitstage stellte eine gewaltige organisatorische Aufgabe dar, die nur durch Arbeitsteilung und den Einsatz aller funktionieren konnte.

Die Hochzeitshäuser wurden mit allerlei Tüchern, Fahnen, Girlanden, Spruchbändern, Blumen, Eierschalenketten aus den vielen zum Kochen und Backen verbrauchten Eiern, aufgenagelten Hühner-, Hahn-, Enten- und Gänseköpfen sowie -füßen geschmückt und dadurch kenntlich gemacht. War am Vortag der Hochzeit alles vorbereitet, maskierten sich vielerorts Frauen und Männer und trieben allerlei lärmenden Schabernack. Am Abend fand dann der »Kechowent« (Köchinnenabend) für alle Helferinnen bzw. der »Scheiwen(Teller)-Owent«, der *Polterabend*, statt. Zunächst wurde getrennt in den beiden Hochzeitshäusern ein reichhaltiges Mahl eingenommen. Erst am vorgerückten Abend begab sich der Bräutigam mit seiner Gesellschaft in das Brauthaus, wo bis Mitternacht weitergefeiert, gesungen und getanzt wurde. In manchen Dörfern fand an diesem Abend das Brautstehlen statt. Einige Gäste blieben die ganze Nacht beisammen, bis am nächsten Tag, vor- bzw. nachmittags, die Trauung stattfand.

War der ersehnte *Hochzeitstag* endlich gekommen, so begab sich die Hochzeitsgesellschaft des Bräutigams nach dem Genuß einer stärkenden Suppe geschlossen, unter Vorantritt der Musik, in das Haus der Braut. In feierlicher Rede und Gegenrede, deren Inhalt das *Abverlangen und die Übergabe* der Braut war, bat der Wortmann die Braut heraus. Oftmals wurden ihm zwei Zigeunermädchen vorgeführt (St. Georgen) oder eine alte Frau bzw. ein kleines Mädchen (Marpod, Oberneudorf, Tschippendorf), erst beim dritten Mal bekam der Bräutigam seine richtige Braut. Wäh-

WORTEMACHEN IN RODE

Mit folgender Rede übergab 1893 der Altknecht Johann Bell als Brautführer die Braut dem Bräutigam.

Deutsche Übersetzung in möglichst wörtlicher Anlehnung an den überlieferten Text

BRUIT ÅF IHREN DEM BRUIDEM

Säch läwer Kumeradt hëi wëul ich der din läw jång Bruit åfihren, oiversiehrt und oiverschåtzt. Låß se der üjenihm uch jefållich sin. Jeud kam ich daunken die dich läwer Kumeradt uch din läw jång Bruit hüd arholden bäs åf den läwen huidijen Duch an am zimlichen Jesoind uch Frijden. Äs der Jesoind uch der Frijden nit än åf ålle Siten öneu ihrem Woinsch uch Wållen jeweist, åsü kam ich Jeud daunken, die et mir ardroighlich hüd jemucht mäd uich; die Jeud, die dot hüd jedån, die weil uch an dëi kinftig Zit åm uch bëi ich sin an weil ich når asivel zëuschätchen, dåt er et kint ardrån.

Ich hün arführen läwer Kumerådt, dåt the mich ün hüst jesprüechen an an Dänst, den hün ich der nit üijesoiht, soindern zëu. Ich soll der din läw jång Bruit åfihren, aroisfrauen, uch an Ihrenjeleit hëulfen dëun, ois ärirem Vüterhois bäs an't Gotteshois, bäs far den hilighen Elter, damäd er ihrlicherwëis far Jeud uch far der Wäreld zësümmen jespruichen mecht werden. Oissem Gotteshois wider arehn an Ihr Hois. Daunk sau Jeud, die an Hëulfar äs jeweist, dåt et alles Chrestlicherwëis vaulendt äs worden. – Nëu åwer läwer Kumeradt weil ich Dier uch Diner jånger Bruit nit mih jewoinscht hün åls Jeloitch uch Seghen za ihrem hilighen Ihstamd, den ihr huidighen Dughes ün hüd troeden. Jeud weil ich seghnen ün lungem Leiwen, Jeud weil ich seghnen ün Wëisheit uch Verstamd, Jeud weil ich seghnen ihren Ois- uch Enjaung, Jeud weil ich seghnen ihren Schrett uch Trett, Jeud weil ich seghnen ihren Kaurebamm, Jeud weil ich seghnen ihren Weinsteuck richlich ün Beirch uch Dol ün ållen Aurtern, dür er werd kine lungen, uch dür er nit werd kine lungen dür weil ich Jeud sine richlichen Seghen meddeilen, damäd er em ållezit Ürsuch ze daunken hüd far denjenighen Seghen, den uch der Heer bescheiren wird. Jeud weil ich seghnen an ihrem hilighen Ihstamd, damäd et wer der irscht uch der lest, damed et nit wird: »an Ihstamdt = an Wihstamdt«, soindern: »an Ihstamdt = an Freudenstamd« = an Sihlighstamd. An weil ich Jeud viel Jëudet jein uch bescheiren. Diet når, läwer Kumerådt weil ich dier uch diner jånger Bruit jewoinscht hün, vüm hüchsten Jeud am Himmel.

BRAUT ZU EHREN DEM BRÄUTIGAM

Schau, lieber Kamerad, hier möchte ich dir deine liebe junge Braut zuehren: unverletzt und unverachtet. Laß sie dir angenehm und gefällig sein. Gott kann ich danken, der dich lieber Kamerad, sowie deine liebe junge Braut hat erhalten, bis auf den lieben heutigen Tag in einer dankenswerten Gesundheit und in Frieden. Ist die Gesundheit und der Frieden nicht immer auf allen Seiten nach eurem Wunsch und Willen gewesen, so kann ich Gott danken, der es mir erträglich hat gemacht mit euch. Der Gott, der das getan hat, der wolle auch in Zukunft um und bei euch sein und wolle euch nur soviel zuschicken, daß ihr es könnet ertragen.

Ich habe erfahren, lieber Kamerad, daß du mich hast angesprochen um einen Dienst: den habe ich dir nicht abgesagt, sondern zu. Ich soll dir deine liebe junge Braut zuehren, herausfreien, auch ein Ehrengeleite helfen tun: aus ihres Vaters Haus ins Gotteshaus, bis vor den heiligen Altar, damit ihr ehrlicher Weise vor Gott und vor der Welt zusammengesprochen mögt werden. Aus dem Gotteshaus wieder herein in euer Haus. Dank sei Gott, der ein Helfer gewesen ist, daß es alles christlicher Weise vollendet worden ist. – Nun aber, lieber Kamerad, möchte ich dir und deiner jungen Braut nicht mehr gewünscht haben, als Glück und Segen zu eurem heiligen Ehestand, den ihr heutigen Tages angetreten habt. Gott wolle euch segnen an langem Leben, Gott wolle euch segnen an Weisheit und Verstand. Gott wolle euch segnen euren Aus- und Eingang, Gott wolle euch segnen euren Schritt und Tritt, Gott wolle euch segnen euren Kornbaum, Gott wolle segnen euren Weinstock reichlich an Berg und Tal, an allen Orten, wohin ihr werdet können langen, dort wolle euch Gott seinen reichlichen Segen mitteilen, damit ihr allezeit Grund habt, ihm zu danken für denjenigen Segen, den euch der Herr bescheren wird. Gott wolle euch segnen in eurem heiligen Ehestand, auf daß es werde der erste und der letzte, daß es nicht werde ein Ehestand = ein Wehestand, sondern ein Ehestand = ein Freudenstand, ein Seligstand. Auch wolle euch Gott viel Gutes geben und bescheren. Dieses nur, lieber Kamerad, möchte ich dir und deiner jungen Braut gewünscht haben vom höchsten Gott im Himmel.

Entnommen aus: Wenzel, Georg: Wortemachen in Rode. Überliefertes Brauchtum einer siebenbürgischen Gemeinde, dargestellt an Hand einer bäuerlichen Aufzeichnung aus dem Jahre 1893. Nürnberg 1966

rend der Wortmann die Rede hielt, die Gäste in »die Freundschaft einbat«, und die Braut *Abschied von ihren Eltern* nahm, indem sie sich für alles bedankte und um Verzeihung bat (ähnlich wie zuvor der Bräutigam bei seinen Eltern), wurde heftig und viel geweint. Es bewahrheitete sich das Sprichwort: »Keine Hochzeit ohne Weinen – keine Leiche ohne Lachen«. Wenn nicht am Vortag oder am zweiten Hochzeitstag, so fand der *Abschied der Braut von ihren Freundinnen* nun statt, wobei ein mit Äpfeln, Nüssen und Flittergold geschmückter Spinnrocken übergeben wurde. Auch tauschten die Brautleute ihre Morgengaben: der Bräutigam erhielt in der Regel u. a. ein besticktes Hemd und Halstuch, die Braut Stiefel, Tuch und Bänder. Schlug die Glocke an, reihten sich alle Hochzeitsgäste in einen streng geordneten Zug ein und schritten unter Marschklängen zur Kirche. Alte Riten klingen dort an, wo das Brautpaar, gefolgt von der Hochzeitsgesellschaft, den Altar umschritt und eine Gabe auf diesen legte. Nach der Kirchenfeier zog alles ins Hochzeitshaus (später in den Saal) zurück, wo die »Kochesfrauen« den Weg oder die Tür verstellten bzw. die Gäste mit Salz, Körnern und Wasser besprengten.

Das Brautpaar stellte sich im Hof hinter einen Tisch, wo es die *Gaben der Hochzeitsgäste* entgegennahm. Auch die Art der Geschenke war überliefert. Die Männer schenkten meist Geld, die Schwiegermutter überreichte das bestickte Frauenhäubchen, die Väter schenkten landwirtschaftliches Gerät und die Frauen Haushaltssachen. Nun begann, nach einem gemeinsamen Gebet, ein stundenlanges *Schmausen und Trinken*, das oft übergangslos in das Abendessen überging. Die gängige Speisenfolge war: Nudel- oder Grießnockerlsuppe, Rind- und Hühnerfleisch, Salat, Schweinebraten mit Kraut, gebratene Hühner, viel Brot, Mohnstriezel, Hanklich und um Mitternacht oder in der Früh gefülltes Kraut (Krautwickel). Nach dem *Brautreigen*, bei dem die Braut mit allen Gästen der Reihe nach tanzen mußte, wurden vielerlei Belustigungen geboten. Wie beim Taufschmaus die Hebamme, so sorgte beim Hochzeitsmahl der Kantor für Spaß und Unterhaltung. Meist waren dies eine Hochzeitspredigt (Nachahmung einer wirklichen Predigt), das Spiel vom Tod und vom König und der Rößchentanz. Nach Mitternacht wurde die Braut neu eingekleidet und kam »unter die Haube«, währenddessen die Männer das Geld zählten. Es folgte ein *Ehrentanz* für das junge Ehepaar, dann wurde bis in die Morgenstunden getanzt.

Der zweite Hochzeitstag war der *Jungfrauentag*, eine Fortsetzung der Lustbarkeiten mit Essen, Trinken und Tanzen. Auch die Einsegnung der jungen Ehefrau gehörte dazu, die erstmals »geschleggert« (überreich gebockelt) erschien und von einer oder zwei Brautfrauen zur Kirche begleitet wurde. Meist wurden auch die Hochzeitsgeschenke der Braut an diesem Tag auf einem geschmückten Wagen zu dem Haus gebracht, wo das Ehepaar wohnen sollte.

Der dritte Hochzeitstag war die *Nachhochzeit*, an dem alles Übriggebliebene verzehrt, aufgeräumt und saubergemacht wurde und Ausgeliehenes (Geschirr, Besteck, Bänke und Tische) zurückzubringen war. Den Abschluß der festlichen Tage bildete das baldmöglich festgelegte *Ausgrüßen* des jungen Ehepaares aus der Bruder- bzw. Schwesterschaft.

Tod und Begräbnis

Auch die Feierlichkeiten nach dem Ableben eines Nachbarn waren in Siebenbürgen traditionell festgelegt. Ein von ernster Würde geprägtes Zeremoniell bestimmte die Abfolge der Geschehnisse. Das Waschen und Anziehen eines Verstorbenen übernahmen in der Regel Frauen der engsten Verwandtschaft. Der Tote wurde in der guten Stube mit den Füßen zur Türe aufgebahrt. Sterbegewänder waren durchwegs Sonntagskleider, bei verheirateten Männern stets das Bräutigamshemd. Ein Totenbeschauer oder Arzt war verpflichtet, den Tod amtlich festzustellen. Zur Totenwache am Vorabend des Begräbnisses kamen verwandte Frauen und Nachbarinnen, Freundinnen und Gevatterinnen, alle in Schwarz gekleidet. Sofern es keine stumme Trauer war, was auch vorkam, wurde am offenen Sarg laut geklagt, denn es gab immer Frauen, die »sehr schön« klagen konnten und alle zu Tränen rührten. Meist wurde den Frauen frisch gebackenes Brot und Wein gereicht. Mancherorts gesellten sich nach einiger Zeit auch Männer ins Trauerhaus, die aber nicht in die Stube kamen, sondern im »Haus« bei Kartenspiel und Wein zusammensaßen.

Um das Begräbnis kümmerte sich die Nachbarschaft, die zur Teilnahme verpflichtet war. Der Nachbarvater verständigte (»warnte«) alle Nachbarn, zumeist mit einem Leichentäfelchen (Nachbarschaftszeichen), das niemand über Nacht behalten durfte. Er bestimmte, wer das Grab auszuschaufeln hatte und bestellte die Adjuvanten. Er teilte den Tod auch dem Kirchenvater mit, der seinerseits das Begräbnis beim Pfarrer (oder Pfarramt) veranlaßte, einige Formalitäten erledigte und sich um das Glockenläuten kümmerte. Oft wurde auch eigens ein »Leichenvater« für die organisatorischen Aufgaben, die während der Leichenfeier anfielen, bestellt. Etwa bis zum Ersten Weltkrieg wurden die Särge vom Dorftischler oder einigen Nachbarvätern hergestellt; später bestellte man den Sarg im nächsten Marktort oder in der nächsten Kreisstadt.

Auf dem Land unterschied man um 1900 allgemein zwischen der »Beisetzleiche« eines Kindes und der »großen Leiche« eines Erwachsenen. Um der ganzen Gemeinde den Tod einer der Ihren mitzuteilen, wurde die Totenglocke eine Stunde lang geläutet. Die *Leichenfeier* zeigte in den einzelnen Gebieten unterschiedliche Formen und war in keinem Dorf gleich. Der Tote durfte seit Ende des 18. Jahrhunderts nicht früher als 48 Stunden nach seinem Ableben beerdigt werden; in noch früherer Zeit hatte man es dagegen eiliger gehabt. Unmittelbar vor dem Begräbnis verlangte der Nachbarvater den Toten aus dem Haus. Nach Rede und Gegenrede wurde der Sarg zugenagelt und von Männern der Nachbarschaft in den Hof getragen, wo die Totenbank bereits stand. Verstarb ein Knecht, so trugen die Burschen der Bruderschaft den Sarg, verstarb ein Mädchen, taten dies die Mägde. Bei Schulkindern konnten diesen letzten Liebesdienst die Schulkameraden übernehmen, und das Särglein von Kleinkindern trugen die Taufpaten unter dem Arm auf den Friedhof.

Im Hof wurde der Trauerfamilie das Beileid ausgesprochen. Hier konnte es nochmals zum lauten Wehklagen der Witwe bzw. der Mutter kommen. Die Adjuvanten spielten einen Choral, den alle Leute mitsangen. Im Kreis der Leidtragenden sprach der Pfarrer ein Gebet und einige Trostworte an die Hinterbliebenen. Beim Hochheben des Sarges wurde in der Schenker Gegend die Totenbank sofort umgestürzt, damit keiner dem Toten nachfolgen möge. Unter den Klängen eines Trauermarsches und der Kirchenglocken bewegte sich der streng geordnete Zug zum Friedhof. Adjuvanten und Pfarrer schritten vor dem Sarg, auch Abordnungen von Vereinen, sofern sie am Begräbnis teilnahmen. Beim Sargtragen wechselten sich die Nachbarn ab, die Tragbäume lagen auf den Schultern der Träger. Während der Sarg in die Erde gesenkt wurde, hielt der Pfarrer die Leichenpredigt, sprach Gebete und Trostworte. Ein ausgewählter Wortführer der Trauerfamilie nahm Abschied vom Verstorbenen und dankte ihm, wofür zu danken war. Nach der Aussegnung des Toten, einem abschließenden Musikstück der Adjuvanten und den Dankesworten eines Familienmitgliedes für das Erscheinen verharrten alle Trauergäste solange am Grab, bis der Sarg zugeschüttet war. Anschließend gab es für die Beteiligten im Trauerhaus ein schlichtes Totenmahl, das Ende des 19. Jahrhunderts noch »Tränenbrot« hieß und damals sehr viel üppiger ausfiel; auf bischöfliches Geheiß war es verboten worden. Diese gemeinsame Mahlzeit war vor allem als Wegzehrung für auswärtige Trauergäste gedacht.

Allgemein wurden die Verstorbenen im Friedhof bei der Kirche beerdigt. Seit der Josephinischen Zeit Ende des 18. Jahrhunderts wurden eigens dazu ausgewiesene Plätze für die Toten vorgesehen: so kam es, daß sich viele Friedhöfe auf einer Anhöhe abseits der Kirche befinden und nur über eine steile Treppe zugänglich sind (ähnlich in Weilau). Die Trauer hielt auch über die Beerdigung hinaus an, äußerlich kenntlich an der dunklen Kleidung und der Enthaltung von der Teilnahme an Lustbarkeiten, besonders am Tanz. Sie dauerte bei Nächststehenden ein halbes Jahr, bei ferneren Verwandten vier bis sechs Wochen. Es war Aufgabe der Frauen, die Gräber am Gründonnerstag oder am dritten Ostertag gemeinschaftlich zu pflegen bzw. die Wege zu säubern. Einen hübschen Brauch kannte man in Windau: Starb dort ein jüngerer Mann im Sommer, so wurde an die Seite des Grabes mit Blumen der Name und Todestag des Verstorbenen sowie die Worte »Ruhe sanft« o. ä. geschrieben.

Durch das naturverbundene Leben auf dem Land nahm man den Tod, besonders nach einem erfüllten Leben, bei aller Trauer selbstverständlicher und gottgegebener hin als in der Stadt. Auch die Kinder empfanden den natürlichen Rhythmus von Werden und Vergehenmüssen ähnlich. Und daß nur Freunde und Verwandte um den Verstorbenen waren und kein Fremder, dessen Dienstleistungen angefordert und bezahlt werden mußten, war für die Menschen ein tröstlicher Gedanke und nahm dem unerbittlich letzten Weg einen Teil seiner Härte. Auch konnte es kaum ein besseres Beispiel geben, in dem sich siebenbürgisch-sächsisches Wesen ausdrückte als in der »letzten Ehre«, die man einem Mitbürger aus dem Dorf erwies. Sie gestaltete sich für jeden gleich und stellte den einzelnen in eine lange Reihe von Einzelschicksalen, deren Summe das unverwechselbare Gemeinschaftsleben der Siebenbürger Sachsen prägte.

160 Urzelnlauf, Agnetheln vor 1945.
Der Urzelnlauf ist eng mit den Bräuchen der Zünfte verbunden. Bei der Übergabe der Zunft-, später auch Nachbarschafts- und Bruderschaftslade umschwirrten die furchterregenden Gestalten während der Faschingszeit beschützend und ordnend den Zug, indem sie lärmten und Schabernack trieben. Ähnliche Figuren sind aus der alemannischen Fastnacht bekannt.

161 Urzelnlauf, Agnetheln vor 1945.
Ausgelassenes Faschingstreiben der Urzeln in den Straßen des alten Zunftortes Agnetheln. Der einzelne Urzel hat eine pelzverbrämte, bemalte Drahtmaske auf und hält in der einen Hand die Peitsche (»Korbatsche«), in der anderen Hand eine »Quetsche«, mit der er sich im Laufe des Tages unzählige »Urzelnkrapfen« erbettelt.

162 und **163** Urzelnlauf, Agnetheln vor 1945.
Die Zünfte führten Fahnen und bestimmte Symbolfiguren mit sich. Im Zuge der Kürschnerzunft wurde auf einer Stange ein querliegendes Rad, in dessen Felgen vier ausgestopfte Füchse befestigt waren, mitgetragen. In ihren Fängen trugen alle einen Marder mit einem Ei in den Zähnen (links). Ferner gehörten ein aufrecht tänzelnder »Bär«, in dessen Fell ein Bursche steckte, und sein Treiber dazu (rechts).
Andere Zünfte wie die Schusterzunft hatten einen Hauptmann, ein kleines Engelchen, eine geschmückte Tannenholzscheibe und eine Krone aus Wintergrün mit. Die Faßbinderzunft führte als wichtigste Figur einen reifenschwingenden Küfer mit sich. Typisch für die Schneiderzunft waren das »Schneiderrößchen« und dessen Treiber, das »Mummerl«, die einen dem Menuett ähnlichen Tanz vollführten.

164 und **165** Rößchentanz, Keisd vor 1945.
»Herold« und »Oberst« in altertümlichen Gewändern sind zwei wichtige Figuren des Rößchenumzuges in Keisd.

166 Rößchentanz, Keisd vor 1945. Der sonst dem Zug der Schneiderzunft angehörende Rößchentanz hat sich in Keisd verselbständigt und wird innerhalb des Zuges beim Ladenforttragen zum neuen Knechtvater in gewissen Abständen aufgeführt. Er wird nach einfacher, alter Melodie in langsamem Wiegeschritt getanzt und weist zusammen mit den mitmarschierenden Figuren auf Reste von mittelalterlichen Volksschauspielen hin.

167 und **168** Kappennarr, Keisd vor 1945.
Im Umzug des Rößchens liefen in Keisd auch »Kappennarren« mit, die in bunte Zottelanzüge gekleidet waren, eine spitze Kappe trugen, eine Vogelnase und eine aufgeblasene Schweinsblase umgegürtet hatten.

169 Ladenforttragen im Umzug, Keisd vor 1945.
Die Nachbarschaftslade wird zusammen mit der Fahne zum neuen Knechtvater getragen. In dieser Lade werden alle Nachbarschaftsartikel und die Kasse verwahrt. Im Hintergrund ein Kappennarr. ▷

170 Rößchentanz, Keisd vor 1945. Hier sind alle Figuren des Faschingsumzuges zu sehen: Faschingsnarren, Herold, Läufer, Keulenschwinger, Oberst, Husar, Kappennarren, Burschen mit Wintergrün und mit bunten Fähnchen geschmückten Bäumchen, ein als gebockelte Frau verkleideter Bursche (Winter), ein kleiner, den Frühling symbolisierender Junge im Jägeranzug, der Ladenträger und die Trommler.

171 Eierschreiben, Windau vor 1945.
Mit einer Art Malhörnchen wurde mit heißem Wachs auf die gekochten Eier geschrieben. Beim anschließenden Färben der Eier blieb die Zeichnung – Blumen, Ähren, Weinreben, schmückende Ornamente, zuweilen verbunden mit kleinen Sprüchen und Wünschen, nicht selten auch mit selbst erfundenen Versehen – weiß auf farbigem Grund. Mit diesem Batikverfahren schufen die Nösner Bäuerinnen oft kleine Kunstwerke.

172 Geritztes Osterei, Siebenbürgen vor 1945.
Neben gefärbten und »geschriebenen« Eiern waren auch geritzte Ostereier in ganz Siebenbürgen beliebt. Mit einem scharfen Gerät, meist war es ein kleines Messer mit spitzer, scharfer Klinge, wurde die Farbe eines bereits gefärbten Ostereis abgekratzt, so daß die weiße Eierschale zum Vorschein kam.

173 Eiertschoken vor 1945.
Beliebtes Osterspiel der Jugend und Kinder. Mit den beim Bespritzen der Mädchen erhaltenen Eiern wetteifern die Buben, welches Ei das härtere ist. Dabei schlagen (tutzen, tschoken) sie die Spitzen der Eier aufeinander. Der Junge, dessen Ei zerbricht, muß dieses »Zadder« (= Fetzen) genannte Ei an den Gewinner abgeben. Manch listige Buben benützen ein gefärbtes Holz- oder Gipsei, um damit zu mehr Eiern zu kommen.

174 und **175** »Geschriebene« Ostereier, Nordsiebenbürgen vor 1945.
Mit heißem Wachs »geschriebene« und nachträglich rot- oder in einem mehrmaligen Färbevorgang buntgefärbte Ostereier.

176 Nach dem Gottesdienst im Pfarrhof, Stolzenburg 1980.
Ähnlich wie hier versammelte sich in vielen Dörfern Siebenbürgens die ganze Gemeinde in ihrer Kirchentracht nach dem Festgottesdienst zu Ostern und Pfingsten im Pfarrhof, um ihrem Pfarrer und seiner Familie ein gesegnetes Fest zu wünschen. Zu Ostern bekamen die Kinder von der »Frau Mutter« ein kleines Gebäckstück überreicht.

177 Hahnenschießen vor 1945.
Am zweiten oder dritten Ostertag versammelten sich die Männer und Burschen zum Kokesch-Schießen, um einen meist weißen Hahn mit Armbrust oder Pfeil und Bogen zu erschießen. Andernorts prügelte man den Hahn oder schlug mit einer Rute auf ihn. Das bereits um die Jahrhundertwende allgemein nicht mehr ausgeübte Hahnenschießen hat sich vereinzelt in manchen Dörfern als beliebtes Brauchspiel erhalten, z. B. in Weilau und Windau.

178 Osterbelustigung vor 1945.
In manchen Gemeinden bewegten sich die übermütigen Burschen nach dem Hahnenschießen als Menschenpyramide dem Dorf zu, wobei die Dorfbewohner dem lustigen Treiben zuschauten.

179 und **180** Pfingstkönig in Deutsch-Zepling vor 1945. Am zweiten Pfingsttag fand in der nordsiebenbürgischen Gemeinde Deutsch-Zepling die Wahl des Pfingstkönigs statt, die stets mit einem vorangehenden Kranzabreiten verbunden war.
Dieser Brauch war Überbleibsel mittelalterlicher Ritterspiele und von einst in ganz Europa verbreitetem Maikönigsbrauchtum. Beim Kranzabreiten wird in raschem Galopp ein aufgehängter Kranz aus Feldblumen von den Burschen abgerissen. Die Reiter trugen weiße, mit sächsischen Mustern bestickte Hosen und eine reiche, mit Quasten verzierte, rote kronenähnliche Mütze; sie hatten lange Peitschen zum Antreiben der Pferde bei sich. Der Sieger des Wettreitens zur Zielfahne wurde Pfingstkönig und erhielt einen von den Mägden des Dorfes gebundenen Kunstblumenstrauß, den er ein Jahr lang behielt.

181 und **182** Königinnentanz in Deutsch-Weißkirch 1960. Ein Pfingstbrauch, der auch in Seiburg und Stein bekannt war. Hier zwei der drei ca. 8 Jahre alten Schulmädchen, die am Pfingstmontag mit Festkleidung und blauem, das Gesicht verhüllendem Schleier über dem Borten als »Königinnen« kenntlich gemacht wurden; sie verkörperten den Frühling und das Wachstum. Während des »Roans« (des »Reihens« = festgelegte Abfolge beim Tanzen) drehte nicht nur jede der drei weißgekleideten »Bräute« ihre Königin in einem würdevollen Tanz, sondern auch die Amtsknechte der Bruderschaft führten sie zu einem Ehrentanz. Die Tanzmusik erinnert an die älteste Tanzweise aus Flandern, an den »Branle des cheveaux dans les tournois«, den die Siebenbürger Sachsen aus dem Rheingebiet mitgebracht haben dürften.

183 und **184** Pfingstkönigsfest in Alzen ca. 1935. In einigen Gemeinden des Harbachtales waren Pfingstkönigsfeste bekannt, die meist am dritten Pfingsttag stattfanden. Sie ließen Reste von alten Maifeiern und Formen der Bauernhochzeit erkennen, besonders was das Herausbitten der Pfingstkönigin mit feststehenden Reden aus dem Elternhaus betraf. Die Dorfjugend hatte diesen Brauch schon zu Anfang des Jahrhunderts an die Schuljugend abgetreten. Im Mittelpunkt stand die Wahl von Pfingstkönigin und Pfingstkönig, denen nach einem Zug durch das Dorf unter einer großen Frühlingskrone aus Laub und Blumen gehuldigt wurde.

185 und **186** Pfingstkönigin und Pfingstkönig beim Grigorifest in Alzen ca. 1985. Als örtliche Besonderheit galt bis in die Gegenwart das ehemals in mehreren Ortschaften Siebenbürgens gefeierte »Gligori«-(Grigori-)Fest der Schuljugend, dessen Ablauf sich dem Pfingstköniginnenbrauch eingliedert. So vielfältig die Bezeichnungen in den einzelnen Dörfern auch sind, handelt es sich stets um denselben Sinngehalt dieses Brauches: Das beginnende Wachstum wird durch Kinder, Blumenschmuck, Girlanden, Laubkronen usw. versinnbildlicht. Hier Königin und König mit Blumenkronen.

187 Zwei Reiter zur »Fuesndich«, Michelsberg 1979. Diese zwei »Ritter« mit ihren Fahnen gehören zu einem mehrköpfigen Reiter-Banderium, das – ähnlich wie bei einer Pfarreinsetzung – dem langen Festzug zum Forttragen der Nachbarschaftslade vom alten Nachbarschaftsvater zum neuen in der Faschingszeit voranritt. Nicht nur die Pferde waren geschmückt, auch die Reiter hatten um den Oberkörper gekreuzte Bänder, einen breiten Gürtel und eine geschmückte Pelzmütze. Das »Amtübergeben« erfolgte, indem vor offener Lade die Statuten vorgelesen wurden und ein Vaterunser gebetet wurde.

188 Mädchen beim Kronenfest in Kerz 1989.
Ein Mädchen mit Blumenkränzlein im Haar verfolgt während des Kronenfestes in Kerz die geschickten Kletterer.

◁ **189** Kronenfest in Kleinschelken 1986.
Das schönste bäuerliche Frühlingsfest in vielen Dörfern Siebenbürgens, besonders im »Alten Land« (Gebiet zwischen Kokel und Alt), war das Kronenfest zu Johannis (24. 7.) oder zu Peter und Paul (29. 7.). Es fiel in die Zeit der Ernteerwartung und -vorbereitung. Die Krone reiht sich in die große Gruppe von Wachstumssymbolen in Baum- und Stangenform ein. Im Mittelpunkt des von Ort zu Ort variierenden Brauches steht die aus Blumen, Laub und manchmal auch Ähren gewundene Krone, die in der Mitte des Dorfes auf einem bis 20 Meter hohen, abgeschälten Baumstamm befestigt wird. In einem Wettstreit der Burschen muß die Krone erklommen werden.

190 Kronenfest in Wurmloch 1960.
Der Baumstamm war stets geschält und manchmal sogar heimlich mit Seife besonders glatt gemacht, was das Hinaufklettern erschwerte. Voll Stolz blickt hier der Sieger, der ein Vivat auf einzelne Honoratioren anbringt, von der kunstvoll mit »Gehonnesblomen« gewundenen Krone auf die Zuschauer herab. Anschließend hält er ihnen eine sogenannte »Kronenpredigt« im Kapuzinerstil.

◁ **191** Kronenfest in Großscheuern vor 1945.
Auf den Sieger wartet in der Krone als Lohn eine Holzflasche (Tschutra) mit Wein. Das Gebäck und die Süßigkeiten, die er ebenfalls oben vorfindet, wirft er den wartenden Kindern zu. Nach dem Wettbewerb wird er den Tanz mit seinem Schatz eröffnen.

192 Kronenfest in Pretai 1976.
Unter der Johanniskrone versammelt sich Groß und Klein und beobachtet voll Spannung die Kletterkünste der Burschen. Alle freuen sich auf den anschließenden gemeinsamen Tanz um die Krone.

193 Weihnachtsleuchter (»Lichtert«), Jaad 1929. Höhepunkt der Weihnachtsfreude war der Leuchterbaum der Schulkinder in der Frühkirche (»Chrestmattn«) des ersten Weihnachtstages. Das Einholen des Wintergrüns, das Schmücken des Leuchters durch die Kinder unter Aufsicht von Lehrern und Eltern sowie die Chorproben zählten zu den vorweihnachtlichen, freudig erwarteten Vorbereitungen. Meist durften sich die vier besten Schüler/innen der obersten Volksschulklasse je eine frei gewählte gleichaltrige Kindergruppe, auch »Parten« genannt, zusammenstellen. Im Kirchenraum wurden vier bis sechs Weihnachtsleuchter verteilt aufgestellt (vor dem Altar, auf den Emporen und neben der Orgel), um den sich die Kinderchöre scharten. Sie sangen mit der Gemeinde während des Gottesdienstes einen auf vorreformatorischer Tradition beruhenden lateinisch-deutschen Wechselgesang.

194 Leuchterchen, Sachsenheim bei Salzburg 1969. Die in Salzburg nach dem Krieg angesiedelte nordsiebenbürgische Gemeinde Botsch hat ihren Weihnachtsbrauch nach Österreich mitgebracht. Dieses Leuchterchen zeigt die fast bei allen Leuchtern vorhandene Grundform des querliegenden Kreuzes, auf dem die unterschiedlichsten Formen und Materialien zu einem pyramidenähnlichen, mit Kerzen geschmückten Aufbau zusammenfinden.

195 Leuchterchen, Reußmarkt 1976. Schmückte man früher die Leuchter hauptsächlich mit Materialien aus der Natur (Ketten aus Hagebutten, Pfaffenhütchen und Holundermark, Eiern, Trockenblumen, Immergrünblätter), so wandelte sich die Auszier im Laufe der Generationen. In den letzten Jahrzehnten verwendete man u. a. Papierblumen, besonders -rosen, Glitzergirlanden, Papierfähnchen, Spruchbänder, Oblatenbildchen. Stets waren und sind die früher so wertvollen, selbstgezogenen Wachskerzen wichtig. Diese brennenden, glitzernden Leuchter mußten den Kindern in der sonst dunklen Frühkirche wie kleine »Wunderbäumchen« erschienen sein. Sie trugen wesentlich zur festlichen Stimmung der weihnachtlichen Verkündigung bei.

196 Zwei Leuchter aus Neppendorf ca. 1970. Eine weithin bekannte Art des Weihnachtsleuchters ist die aus Neppendorf bei Hermannstadt mit drei nach oben kleiner werdenden Kränzen und einer obenaufsitzenden Krone aus Tannengrün. Geschmückt sind die Leuchter mit einer bestimmten Anzahl von Kerzen, bunten Blumen, Holzvögelchen und Fähnchen. Wie überall hat man die Leuchter in mühevoller Arbeit alljährlich neu aufgeputzt oder ausgebessert. Oftmals blieben die Leuchter bis Heilig-Drei-König in der Kirche stehen. Der Christbaum fand nur zögernd nach dem Ersten Weltkrieg Eingang in die Kirche und in die Bauernstuben.

197 Taufe in Urwegen ca. 1980.
Nach dem überlieferten Gevatterbitten mit feststehenden Reden und Gegenreden trug die jüngste oder älteste Gode das Kind zur Taufe. Gewöhnlich hatte ein Knabe zwei Paten und eine Gode, ein Mädchen einen Paten und zwei Goden. Es galt als große Ehre, die Patenschaft eines Säuglings zu übernehmen; sie durfte nicht abgelehnt werden. In vielen Gemeinden Siebenbürgens wurde der Täufling wie hier mit dem Brauttuch der Mutter auf dem Weg zur Kirche gänzlich zugedeckt.

198 Hochzeitsbrote, Reußen 1988.
Bei den Hochzeitsvorbereitungen war jede Hilfe willkommen – hier zwei starke Burschen beim Tragen des Brotes vom Backofen zum Hochzeitshaus.

199 Taufe im Winter, Großscheuern 1989. Patinnen und Paten des Täuflings in ihrer Festtracht. Die Frauen tragen den Kürschen und die Männer den Kirchenpelz.

200 Taufe in Wurmloch vor 1945.
Die Taufe fand hier im Rahmen des Gottesdienstes nach der Predigt im Beisein der ganzen Gemeinde statt. In der ersten Bankreihe die Patinnen mit dem Täufling während der Andacht. Das strenge Knüpftuch der Frauen vermittelt einen ernsten und feierlichen Eindruck.

201 Taufe in Treppen vor 1945.
Die jüngste Gode trägt den Täufling zur Kirche, während die Mutter nach altem Brauch das Haus nicht verlassen darf und erst nach vier bis sechs Wochen mit ihrem Kind auf dem Arm in Begleitung einer Nachbarin eingesegnet wird.

202 Einsegnung der Kindesmutter, Jaad um 1930. Rund vier Wochen nach der Geburt des Kindes ist die Wöchnerin nach altem Brauch am »Einsitzen«, d. h., sie hat sich in dieser Zeit noch schwerer Arbeit zu enthalten und darf das Haus nicht verlassen. Am Abend vor Ablauf dieser Zeitspanne geht der Ehemann in der Kirchentracht zum Pfarrer, um seine Frau »herauszulassen«. Am nächsten Morgen geht die junge Mutter von der Hebamme oder einer Nachbarin begleitet mit dem Kind auf dem Arm zur Kirche. Der Pfarrer spricht mit ihr ein Gebet vor dem Altar und segnet sie ein.

203 Konfirmation, Reußdörfchen um 1930.
Zur Konfirmation tragen die Konfirmandinnen erstmals zu ihrer Kirchentracht den Borten, einen aus einer schwarzen Samtröhre bestehenden Kopfschmuck, von dem mehrere bunt bestickte und bis zum Rocksaum reichende Bänder herabhängen. In Reußdörfchen wurde nur an diesem Tag – ähnlich wie in Stolzenburg und Talmesch – ein weißer Schleier über den Borten gelegt. Die strenge Sitzordnung in der Kirche nach Alter, Geschlecht und Stand sowie die würdevolle Kopfhaltung der Mädchen sind Ausdruck der Geschlossenheit und Andacht.

204 Konfirmanden mit Pfarrer, Reußmarkt 1943. Mit Beginn des Konfirmandenunterrichts nahte das Ende der unbeschwerten Kindheit. Ab der Konfirmation übernahmen die jungen Leute einen Teil der Rechte und Pflichten der Erwachsenen. Der Konfirmationsgottesdienst war einer der feierlichsten im ganzen Kirchenjahr und fand in den meisten Gemeinden am Palmsonntag statt. Die Konfirmanden durften zum ersten Mal das Abendmahl einnehmen. Nach alter Sitte mußten sie vorher allen Verwandten, Freunden, besonders aber den Taufpaten danken und um Verzeihung bitten »wenn sie gefehlt haben« (»Versöhnabend«). In Reußmarkt trugen die Konfirmandinnen als Kennzeichen nur an diesem Tag ein gesticktes Kopftuch.

205 Braut mit Bittknechten, Treppen vor 1945.
War das Werben (Freien, Heischen), die Verlobung mit Ringwechsel, Almeschtrinken und die Bekräftigung durch den Pfarrer abgeschlossen, wurde das Brautpaar in der Kirche an drei Sonntagen aufgeboten. Die Braut hatte als Zeichen ihrer Brautschaft ein Myrtenkränzchen auf dem Borten, der Bräutigam steckte ein Verlobungssträußchen aus Kunstblumen gut sichtbar vor sich in die Brüstung. Erst dann erfolgte die Einladung der Gäste zur Hochzeit, die in Treppen die Braut in Begleitung von zwei Bittknechten und zwei Bittmägden vornahm. Alle trugen Kirchentracht, die »Lader« hatten eine Pelzmütze auf und einen blumengeschmückten Stab in der Hand, mit dem sie von Haus zu Haus gingen. Grundsätzlich wurde dreimal eingeladen. Eine Hochzeit mit hundert Geladenen war nicht selten, es konnten aber auch dreihundert und mehr sein.

206 Brotbacken in Kerz um 1940.
In der Regel dauerte eine Hochzeit mit den Vorbereitungen eine Woche. Drei Tage vor der Trauung brachten die Frauen Naturalien ins Brauthaus, die gemeinschaftlich verarbeitet wurden. Für eine Hochzeit waren unzählige Brotlaibe zu backen, wobei viele Nachbarinnen mithalfen. Hier sind zwei Frauen beim Brotbacken in der Sommerküche. Eine Bäuerin hält die Brotschaufel in der Hand, auf die von einer anderen ein geformter Brotlaib gelegt wird. Im Vordergrund sieht man fertige Hanklichstücke liegen.

207 Hanklichbacken zur Hochzeit, Magarei vor 1945.
Auf langen Bänken werden hier im Freien die Backbleche zur beliebten Rahmhanklich mit feinem, ausgezogenem Hefeteig ausgelegt und mit Rahm übergossen und glattgestrichen. Schon während der Backtage wurden unentwegt Kostproben an Kinder und Gäste verteilt.

208 Hanklichbacken zur Hochzeit, Magarei vor 1945. Das in ganz Siebenbürgen bekannte und bei keiner Hochzeit entbehrliche Hefegebäck wurde sowohl mit süßem wie salzigem Belag zubereitet. Im Vordergrund ein Holztrog mit Grammeln. Wie an einem Fließband arbeiten die flinken Hände: die einen kneten, die anderen walken, wieder andere bestreichen den Teig und belegen ihn. Dabei wird in freudiger Erwartung des Festes viel geschwatzt und gelacht. ▷

209 Vorbereitungen zum Hochzeitsessen, Zuckmantel 1973. »Kochesfrauen« beim Ausnehmen der Hühner im Hof des Hochzeitshauses am Vortag der Trauung. Das fette Federvieh wurde von den Hochzeitsgästen neben anderen Lebensmitteln, wie Eier, Zucker, Butter, Milch, Rahm, Mohn und Schweinefleisch geschickt. Die Hochzeitsmütter hatten für diese Tage viele Helferinnen in das Brauthaus gebeten. Das Hühnerklein wurde zusammengebunden und in der »Geschnidendīchsupp« (Suppe mit selbstgemachten, geschnittenen Nudeln) mitgekocht, das Fleisch mit den anderen Festspeisen auf den Tisch gebracht. Die gerupften Federn bedecken hier den Boden des Hofes. ▽

210 Bei den Hochzeitsvorbereitungen, Schönau 1977. Vor dem »Koches«, einem provisorischen, eigens für die Hochzeit eingerichteten Kochhaus im Hof, putzen die fleißigen Nachbarinnen in blütenweißen Schürzen Gurken für den Salat.

211 und **212** Hochzeitshaus in Schönau, 1977. Das Haus eines Bräutigams ist hier mit Fahnen, Blumen, Zweigen, unzähligen Eierschalen, die beim Backen übrigblieben und alte Fruchtbarkeitssymbole sind, mit Gänseköpfen und Hühnerkrallen gekennzeichnet. Über dem Hoftor ist ein selbstgereimter Spruch zu lesen:
»Herzlich willkommen, liebe Gäste, zu unserem Hochzeitsfeste«.

213 Abholen der Braut zur Hochzeit, Weidenbach vor 1945.
Die festlich geschmückte Braut erwartet vor dem Elternhaus ihren Bräutigam mit der ganzen Hochzeitsgesellschaft. Dieser verlangt in feierlicher Rede und Gegenrede die Braut von ihren Eltern heraus und bittet die Gäste »in die Freundschaft ein«. Die Braut nimmt Abschied von ihren Eltern, indem sie sich für alles bedankt und um Verzeihung bittet, wie vordem der Bräutigam bei seinen Eltern.

214 Hochzeitszug auf dem Weg zur Kirche, Wurmloch um 1960.
Im wohlgeordneten Hochzeitszug folgen dem Brautpaar die jungen Frauen in der hier üblichen Bockelung, die den Haaransatz sehen läßt und bei der die Bockelnadeln krönchenartig aufgesteckt sind. Diese Bockelung steht nur den jungen Frauen zu. Ihnen folgen die älteren Frauen mit dem weißen Knüpftuch. Die Braut erkennt man an dem weißen Myrtenkranz auf dem Borten; in anderen Dörfern trug die Braut zum Beispiel einen Bogen aus Kunstblumen über dem Borten (Urwegen) oder einen großen Blumenstern (Rode). Der Bräutigam ist mit einem Sträußchen auf dem Hut kenntlich gemacht und trägt den schweren Kirchenpelz.

215 Trauung, Girelsau 1960. Das Brautpaar lauscht den Worten des Pfarrers. Die Gesichter spiegeln die Ergriffenheit des Augenblicks wider. Für den schönsten Tag des Lebens hat sich die Braut mit Heftel und Spangengürtel geschmückt. Sie trägt heute zum letzten Mal den Borten mit dem weißen Brautkränzchen.

216 Beim Gaben, Kleinschelken 1973. Hier bewahrheitet sich das siebenbürgische Sprichwort: »Keine Hochzeit ohne Weinen – keine Leiche ohne Lachen«.

217 Beim Gaben, Girelsau 1960. Nach der Trauung überbringt die Hochzeitsgesellschaft dem Brautpaar die Geschenke mit ihren Glückwünschen. In Reih und Glied stehen die Mädchen hintereinander an, um ihre Gaben dem jungvermählten Paar zu übergeben und sie auf den schön gedeckten Gabentisch zu legen. Die Art der Geschenke war bis in die Gegenwart überliefert. Die Männer gaben meist Geld, die Schwiegermutter schenkte das bestickte Frauenhäubchen, die eigene Mutter Tisch- und Bettwäsche, die Väter landwirtschaftliches Gerät und die Frauen und Freundinnen praktische Gegenstände für den Haushalt. Bis in die letzten Jahre fanden in Siebenbürgen noch sehr große Hochzeiten statt. Freilich mußten sich die Gaben durch das zwangsweise Aufgeben der Bauernwirtschaft wandeln, so daß hauptsächlich nur noch Geld geschenkt wurde.

218 und **219** Hochzeitsessen in Wurmloch (oben) und Girelsau (unten) ca. 1960. Zu den drei Hochzeitstagen gehörte das stundenlange, genußreiche Essen und Trinken. Dabei wurden viele lustige Geschichten erzählt, gelacht und zwischendurch ausgiebig gesungen und getanzt. Am zweiten Hochzeitstag, dem »Jungfrauentag«, erschien die junge Frau nach der Einsegnung in der Kirche zum ersten Mal mit den neuen Standeszeichen. Am dritten Tag, der »Nachhochzeit«, wurde alles Übriggebliebene bei viel Spaß und Fröhlichkeit verzehrt.

220 Begräbnis, Zied ca. 1985.
Der Einzelne war bis zu seinem Tod eingebunden in die Nachbarschaft. Selbst die letzten Handlungen rund um das Sterben waren überliefert und die Beerdigung in Nachbarschaftsartikeln vorgegeben. So verlor der Tod seinen Schrecken, und jeder, gleich welchen Standes, fühlte sich im Wissen um die Geborgenheit in der Gemeinschaft beruhigt. Hier tragen die Männer der Nachbarschaft den Sarg abwechselnd zum Friedhof.

221 Gedenkfahne in Marpod von 1799 und 1803. Eltern widmeten der Kirche eine kunstvoll bemalte Leinwandfahne in Erinnerung an ihren verstorbenen Sohn. ▷

222 Andenkenfahne von 1934 in Kleinscheuern. Beredtes Zeugnis tragischer Familienschicksale. ▽

223 Begräbnis, Keisd 1974. Eine Dorfbewohnerin ist gestorben. Die Nachbarinnen begleiten sie auf dem letzten Weg und scheinen eine lebende Schutzmauer um die Tote zu bilden. Der Krause Mantel und die weißen Kopftücher verstärken den Eindruck der Einmütigkeit in der Trauer.

224 Meschen 1960.
Wohin führt der Weg der
Siebenbürger Sachsen?

MEIN DORF (gekürzt)

Vom Dorf, drin ich geboren,
trieb weit mich das Geschick;
das Dorf, das ich verloren,
grüßt jetzt im Traum mein Blick.

Die Eichen stehn noch immer
dort auf dem Bergesthron,
es spielt der Abendschimmer
durch ihre Blätterkron'.

Die Gasse fließt hinunter
wie sonst der stille Bach,
die Weiden weben munter
ihm noch ihr grünes Dach.

War dann im Staub der Gasse
die Herde heimgekehrt,
so stieg der Mond, der blasse,
aus Bäumen wie verklärt.

Die Schnitter aber aßen
im Haus ihr Abendbrot
und schwatzten und vergaßen
des Tages Müh' und Not.

Des Lebens bittern Kummer
daheim empfand ich nie;
es rauschte mich in Schlummer
der Baum der Poesie.

Mit Blüten überstreute
er reich mein kindlich Haupt,
das Dorf, es steht noch heute;
der Baum drin – ist entlaubt.

Michael Albert
* 1836 in Trappold
† 1893 in Schäßburg

ORTSNAMENVERZEICHNIS

deutsch	rumänisch
Abtsdorf / Agnetheln	Apoş
Abtsdorf / Kokel	Ţapu
Agnetheln	Agnita
Almen	Alma Vii
Alzen	Alţina
Arbegen	Agîrbiciu
Arkeden	Archita
Attelsdorf (Bilak)	Domneşti
Auen (Kuschma)	Cuşma
Baaßen	Bazna
Baierdorf	Crainimăt
Bartholomä Vorstadt von Kronstadt	Bartolomeu Suburbia Braşovului
Bekokten	Bărcut
Bell	Buia
Belleschdorf	Idiciu
Birk	Petelea
Birthälm	Biertan
Bistritz	Bistriţa
Blasendorf	Blaj
Blutroth	Berghin
Bodendorf	Buneşti
Bogeschdorf	Băgaciu
Bonnesdorf	Boian
Botsch	Batoş
Braller	Bruiu
Brenndorf	Bod
Broos	Orăştie
Budak	Budacu de Jos
Bürgesch	Bîrghiş
Bulkesch	Bălcaciu
Burgberg	Vurpăr
Burghalle	Orheiu Bistriţei
Bußd / Mediasch	Buzd
Bußd / Mühlbach	Boz
Denndorf	Daia
Deutsch-Kreuz	Criţ
Deutsch-Weißkirch	Viscri
Dobring	Dobîrca
Donnersmarkt	Mănărade
Draas	Drăuşeni
Dürrbach	Dipşa
Dunesdorf	Daneş
Durles	Dîrlos
Eibesdorf	Ighişu Nou

deutsch	rumänisch
Eidau	Viile Tecii
Elisabethstadt	Dumbrăveni
Engenthal	Mighindoala
Felldorf	Filitelnic
Felmern	Felmer
Felsendorf	Floreşti
Fogarasch	Făgăraş
Frauendorf	Axente Sever
Freck	Avrig
Galt	Ungra
Gergeschdorf	Ungurei
Gießhübel	Gusu
Girelsau	Bradu
Großalisch	Seleuşu
Großau	Cristian
Großkopisch	Copşa Mare
Großlasseln	Laslea
Großpold	Apoldu de Sus
Großprobstdorf	Tîrnava
Großschenk	Cincu
Großscheuern	Şura Mare
Gürteln	Gherdeal
Hahnbach	Hamba
Halvelagen	Hoghilag
Hamlesch	Amnaş
Hammersdorf Hermannstadt eingemeindet	Guşteriţa Suburbia Sibiului
Hamruden	Homorod
Haschagen	Haşag
Heidendorf	Viişoara
Heldsdorf	Hălchiu
Heltau	Cisnădie
Henndorf	Brădeni
Hermannstadt	Sibiu
Hetzeldorf	Aţel
Hohndorf	Viişoara
Holzmengen	Hosman
Honigberg	Hărman
Hundertbücheln	Movile
Irmesch	Ormeniş
Jaad	Livezile
Jakobsdorf / Agnetheln	Iacobeni
Jakobsdorf / Bistritz	Sîniacob

deutsch	rumänisch
Jakobsdorf / Mediasch	Giacăş
Johannisdorf	Sîntioana
Kallesdorf	Arcalia
Kastenholz	Caşolţ
Katzendorf	Caţa
Keisd	Saschiz
Kelling	Cîlnic
Kerz	Cîrţa
Kirchberg	Chirpăr
Kirtsch	Curciu
Kleinalisch	Seleuş
Kleinbistritz	Dorolea
Kleinkopisch	Copşa Mică
Kleinlasseln	Laslău Mic
Kleinprobstdorf	Tîrnăvioara
Kleinschelken	Şeica Mică
Kleinschenk	Cincşor
Kleinscheuern	Şura Mică
Klosdorf	Cloaşterf
Kreisch	Criş
Kronstadt	Braşov
Kyrieleis	Chiraleş
Langenthal	Valea Lungă
Leblang	Lovnic
Lechnitz	Lechinţa
Leschkirch	Nocrich
Ludwigsdorf	Logig
Magarei	Pelişor
Maldorf mit Hohndorf vereinigt	Domald unit cu Viişoara
Malmkrog	Mălîncrav
Maniersch	Măgheruş
Mardisch	Moardăş
Marienburg / Kronstadt	Feldioara
Marienburg / Schäßburg	Hetiur
Marktschelken	Şeica Mare
Marpod	Marpod
Martinsberg	Şomartin
Martinsdorf	Metiş
Mediasch	Mediaş
Meeburg	Beia
Mergeln	Merghindeal
Meschen	Moşna
Meschendorf	Meşendorf

deutsch	rumänisch	deutsch	rumänisch	deutsch	rumänisch
Mettersdorf	Dumitra	Rätsch	Reciu	Tarteln	Toarcla
Michelsberg	Cisnădioara	Rauthal	Roandola	Tartlau	Prejmer
Michelsdorf / Kokel	Veseuş	Reen, (Sächisch-) Regen	Reghin	Taterloch	Tătîrlaua
Michelsdorf / Marktschelken	Boarta	Reichesdorf	Richiş	Tatsch	Tonciu
Minarken	Monariu	Reps	Rupea	Tekendorf	Teaca
Mönchsdorf	Herina	Retersdorf	Retiş	Tekes	Ticuşu Vechi
Moritzdorf	Moruţ	Reußdörfchen	Ruşciori	Thalheim	Daia
Mortesdorf	Motiş	Reußdorf	Cund	Tobsdorf	Dupuş
Mühlbach	Sebeş	Reußen	Ruşi	Törnen	Păuca
		Reußmarkt	Miercurea Sibiului	Trappold	Apold
Nadesch	Nadeş			Treppen	Tărpiu
Neithausen	Netuş	Rode	Zagăr	Tschippendorf	Cepari
Neppendorf Hermannstadt eingemeindet	Turnişor Suburbia Sibiului	Rohrbach	Rodbav	Ungersdorf	Şieu-Măgheruş
		Rosch	Răvăşel	Urwegen	Gîrbova
Neudorf / Hermannstadt	Nou	Roseln	Ruja	Waldhütten	Valchid
		Rosenau	Rîşnov	Wallendorf	Unirea
Neudorf / Schäßburg	Nou Săsesc	Rothbach	Rotbav	Waltersdorf	Dumitriţa
		Rothberg	Roşia	Wassid	Veseud
Neustadt / Agnetheln	Noiştat	Rumes	Romos	Weidenbach	Ghimbav
				Weilau	Uila
Neustadt / Kronstadt	Cristian	Sankt Georgen	Sîngeorgiu Nou	Weingartskirchen	Vingard
		Schaal	Şoala	Weißkirch / Bistritz	Albeştii Bistriţei
Niedereidisch	Ideciu de Jos	Schaas	Şaeş		
Niederneudorf	Corvineşti	Schäßburg	Sighişoara	Weißkirch / Schäßburg	Albeşti
Nimesch	Nemşa	Scharosch / Fogarasch	Şaroş		
Nußbach	Măeruş			Werd	Vărd
		Scharosch / Mediasch	Şaroş pe Tîrnave	Wermesch	Vermeş
Obereidisch	Ideciu de Sus			Windau	Ghinda
Oberneudorf	Satu Nou	Schellenberg	Şelimbăr	Wölz	Velţ
		Schirkanyen	Şercaia	Wolkendorf / Kronstadt	Vulcan
Paßbusch	Posmuş	Schlatt	Zlagna		
Peschendorf	Stejărenii	Schmiegen	Şmig	Wolkendorf / Schäßburg	Vulcan
Petersberg	Sînpetru	Schönau	Şona		
Petersdorf / Bistriz	Petriş	Schönberg	Dealu Frumos	Wurmloch	Valea Viilor
		Schönbirk	Sigmir		
Petersdorf / Marktschelken	Petiş	Schogen	Şieu	Zeiden	Codlea
		Scholten	Cenade	Zendersch	Senereuş
Petersdorf / Mühlbach	Petreşti	Schoresten	Şoroştin	Zepling	Dedrad
		Schweischer	Fişer	Zied	Veseud
Pien	Pianu de Jos	Seiburg	Jibert	Zuckmantel	Ţigmandru
Pintak	Slătiniţa	Seiden	Jidvei		
Pretai	Brateiu	Seligstadt	Seliştat		
Probstdorf	Stejărişu	Senndorf	Jelna		
Pruden	Prod	Stein	Dacia		
Puschendorf	Păucea	Stolzenburg	Slimnic		
		Streitfort	Mercheaşa		
Radeln	Roadeş	Talmesch	Tălmaciu		

AUSWAHLLITERATUR

Acker, Hans: Zur Weinbaugeschichte der Siebenbürger Sachsen und ihrer moselländischen Urheimat. In: Siebenbürgisches Archiv, Bd. 18, Köln-Wien 1984, S. 109–157.

Barth, Fredrick H.: Brot mit Speck und Zwiebel. Eine siebenbürgische Lebensgeschichte. Salt Lake City, Utah 1980.

Bergel, Hans und Walter Myß (Hrsg.): Wir Siebenbürger. Innsbruck o. J. (1986).

Binder, Ludwig: Die Kirche der Siebenbürger Sachsen. Erlangen 1982.

Capesius, Roswith: Das siebenbürgisch-sächsische Bauernhaus. Wohnkultur. Bukarest 1977.

Dies.: Siebenbürgisch-sächsische Schreinermalerei. Bukarest 1983.

Das Eigen-Landrecht der Siebenbürger Sachsen. Unveränderte Wiedergabe des Erstdrucks von 1583. Hrsg. vom Arbeitskreis für Siebenbürgische Landeskunde. Mit einer Einführung von Adolf Laufs und Worterklärungen von Wolfgang Bührer. München o. J. (1973).

Fabini, Hermann und Alida: Kirchenburgen in Siebenbürgen. Wien-Köln-Graz 1986.

Fabritius-Dancu, Juliana: Sächsische Kirchenburgen aus Siebenbürgen. Mappenwerk. Hermannstadt 1980.

Forschungen zur Volks- und Landeskunde. Zeitschrift. Hermannstadt 1959 ff.

Fronius, Fr. Fr.: Bilder aus dem sächsischen Bauernleben in Siebenbürgen. Ein Beitrag zur deutschen Culturgeschichte. Wien 1879.

Frühm, Thomas: Wetterleuchten über Siebenbürgen. Erinnerungen eines siebenbürgisch-sächsischen Schulmannes (= Veröffentlichungen des Südostdeutschen Kulturwerks, Reihe C, Bd. 1). München 1958.

Göllner, Carl (Red.): Geschichte der Deutschen auf dem Gebiete Rumäniens. Bd. 1: 12. Jh. bis 1848. Bukarest 1979.

Ders. (Red.): Die Siebenbürger Sachsen in den Jahren 1848–1918 (= Siebenbürgisches Archiv, Bd. 22). Köln-Wien 1988.

Ders.: Im Kreislauf des Jahres. Historisches Brauchtum der Siebenbürger Sachsen. Bukarest 1987.

Ders.: Siebenbürgisch-sächsisches Heimatbuch. Aus Sage, Geschichte und dem Brauchtum vergangener Jahrhunderte. Bukarest 1975.

Hassfurther, Lore-Lotte: Landler. Vergessene altösterreichische Tracht in Siebenbürgen. O. O., o. J. (Innsbruck 1989).

Heimatbücher bzw. Ortsmonographien, von denen seit Kriegsende über 50 erschienen (und laufend neue erscheinen): Billak, Bistritz, Botsch, Brenndorf, Bulkesch, Deutsch-Budak, Deutsch-Zepling, Draas, Dürrbach, Felldorf, Großau, Groß-Kopisch, Großschogen, Heidendorf, Heldsdorf, Heltau, Hermannstadt, Hohndorf, Hundertbücheln, Jaad, Jakobsdorf, Kallesdorf, Kelling, Lechnitz, Maldorf, Maniersch, Marienburg/Burzenland, Metterdorf, Minarken, Nösner Heimatbuch, Petersberg, Petersdorf b. Bistritz, Pintak, Reen, Reußmarkt, Rode, Rosenau, St. Georgen, Schirkanyen, Schönbirk, Schirkanyen, Senndorf, Talmesch, Treppen, Wallendorf, Waltersdorf, Weißkirch/Bistritz, Wermesch, Windau, Wolkendorf, Zeiden, Zendersch.

Hienz, Hermann: Bücherkunde zur Volks- und Heimatforschung der Siebenbürger Sachsen (= Schriftenreihe der Südostdeutschen Historischen Kommission, Bd. 5). 2. Auflage. München 1960.

Horedt, Kurt: Das frühmittelalterliche Siebenbürgen. Ein Überblick. Thaur/Innsbruck 1988.

Kirchhoff, A. (Hrsg.): Beiträge zur Siedlungs- und Volkskunde der Siebenbürger Sachsen. Sonderdruck aus den Forschungen zur deutschen Landes- und Volkskunde. Stuttgart 1895.

Klein, Albert und Dieter Knall: Siebenbürgen. Land des Segens. Bild einer evangelischen Kirche. München 1977.

Klusch, Horst: Siebenbürgische Töpferkunst aus drei Jahrhunderten. Bukarest 1980.

Müller-Langenthal, Friedrich: Die Siebenbürger Sachsen und ihr Land. Weimar o. J. (1912).

Nägler, Thomas, Josef Schobl und Karl Drotleff: Geschichte der siebenbürgisch-sächsischen Landwirtschaft (= Kriterion Bücherei, Nr. 22). Bukarest 1984.

Orend, Misch: Siebenbürgen (= Deutsche Volkskunst. Neue Folge). Weimar o. J. (1943).

Retzlaff, Hans: Die Siebenbürger Sachsen. Antlitz eines deutschen Bauernstammes (= Die Sammlung Parthenon). Stuttgart o. J. (1959).

Rhode, Gotthold (zusammengestellt): Tausend Jahre Nachbarschaft. Deutsche in Südosteuropa. Hrsg. von der Stiftung Ostdeutscher Kulturrat, Bonn. München o. J. (1981).

Schenk, Annemie: Familie und Wohnen in Stolzenburg. Eine Untersuchung bei Sachsen und Rumänen in einem siebenbürgischen Dorf (= Studia Transylvanica, Bd. 10). Köln-Wien 1984.

Schröcke, Helmut: Siebenbürgen. Menschen – Kirchenburgen – Städte. O. O., o. J. (München 1987).

Schubert, Hans-Achim: Nachbarschaft und Modernisierung. Eine historische Soziologie traditionaler Lokalgruppen am Beispiel Siebenbürgens (= Studia Transylvanica, Bd. 6). Köln-Wien 1980.

Schuller, Gustav: Der siebenbürgisch-sächsische Bauernhof und seine Bewohner. Hermannstadt 1869.

Schullerus, Adolf: Siebenbürgisch-sächsische Volkskunde im Umriß. Leipzig 1926.

Schunn, W.: Die Nachbarschaften der Deutschen in Rumänien. 2. Auflage. Hermannstadt 1937.

Schuster, Oskar (Hrsg.): Epoche der Entscheidungen. Die Siebenbürger Sachsen im 20. Jahrhundert. 2. Auflage. Köln-Wien 1984.

Scola, Ortrun, Gerda Bretz-Schwarzenbacher und Annemarie Schiel: Die Festtracht der Siebenbürger Sachsen. O. O., o. J. (München 1987).

Siebenbürgisch-sächsischer Hauskalender. Jahrbücher. München 1956 ff.

Siebenbürgisch-sächsisches Wörterbuch. Bd. I A–C, Straßburg 1908; Bd. II D–F, Berlin-Leipzig o. J.; Bd. III G, Bukarest-Berlin 1971; Bd. IV H–J, Bukarest-Berlin 1972, Bd. V, 1. und 2. Lieferung R – Salarist, Berlin-Leipzig o. J. (1928).

Sigerus, Emil: Volkskundliche und kunstgeschichtliche Schriften. Hrsg. von Brigitte Stephani (= Kriterion Bücherei, Nr. 14). Bukarest 1977.
Stepan, Eduard (Hrsg.): Siebenbürger Sachsen. Landschafts- und Kulturbilder (= Sonderheft der Zeitschrift »Deutsches Vaterland«, Österr. Zeitschrift für Heimat und Volk). Wien 1922.
Teutsch, Friedrich (Hrsg.): Bilder aus der vaterländischen Geschichte. 2 Bde. Hermannstadt 1895 und 1899.
Teutsch, Georg Daniel und Friedrich: Geschichte der Siebenbürger Sachsen für das sächsische Volk. 4 Bde. Hermannstadt 1907–1927. Nachdruck mit einer Einführung von Andreas Möckel, Köln-Wien 1984.
Ders.: Kirche und Schule der Siebenbürger Sachsen in Vergangenheit und Gegenwart. Hermannstadt 1923.
Ders.: Kleine Geschichte der Siebenbürger Sachsen. Hrsg. vom Arbeitskreis für Siebenbürgische Landeskunde. Mit einem Nachwort von Andreas Möckel. (Reprint der 2. Auflage, Hermannstadt 1924). Darmstadt 1965.
Thomae, Norbert: Deutsche Volkskunst in Siebenbürgen. München o. J. (1954).
Treiber-Netoliczka, Luise: Die Trachtenlandschaften der Siebenbürger Sachsen (= Schriftenreihe der Kommission für Ostdeutsche Volkskunde in der Deutschen Gesellschaft für Volkskunde, Bd. 6). Marburg 1968.
Wagner, Ernst: Geschichte der Siebenbürger Sachsen. Ein Überblick. 6. Auflage. Innsbruck o. J. (1990).
Ders. (Bearb.): Quellen zur Geschichte der Siebenbürger Sachsen 1191–1975 (= Schriften zur Landeskunde Siebenbürgens, Ergänzungsreihe zum Siebenbürgischen Archiv, Bd. 1). 2. Auflage. Köln-Wien 1981.
Weber-Kellermann, Ingeborg: Zur Interethnik. Donauschwaben, Siebenbürger Sachsen und ihre Nachbarn. O. O., o. J. (Frankfurt am Main 1978).
Zeitschrift für Siebenbürgische Landeskunde (Hrsg. Arbeitskreis für Siebenbürgische Landeskunde). Setzt in IV. Folge das Korrespondenzblatt des Vereins für siebenbürgische Landeskunde« (I. Folge 1878–1930), die »Siebenbürgische Vierteljahresschrift« (II. Folge 1931–1941) und das »Korrespondenzblatt des Arbeitskreises für Siebenbürgische Landeskunde« (III. Folge 1971 bis 1977) seit 1978 fort.
Zelgy, Theo: Siebenbürgisch-sächsische Möbelmalerei. Bukarest 1980.

Zillich, Heinrich: Siebenbürgen. Ein abendländisches Schicksal. Mit einer geschichtlichen Darstellung der siebenbürgischen Wehrbaukunst von Hermann Phleps. Königstein im Taunus o. J. (1957).
Ders.: Wir Siebenbürger (= Heimat im Herzen). Salzburg o. J. (1949).

Zahlreiche hektographierte, maschinenschriftliche und handschriftliche Niederschriften, Lebenserinnerungen und Berichte sowie zahlreiche mündliche Aussprachen mit geduldigen Gewährspersonen aus allen drei ehemaligen Hauptansiedlungsgebieten der Siebenbürger Sachsen (Hermannstädter Gegend, Burzenland und Nösnergau).

BILDNACHWEIS

Acker, Udo W.   73, 195, 210, 211, 212
Acker-Sutter, Rotraut   119, 209
Buhe, W.   56
Daniel, Erhard   8, 16, 18, 73, 143, 181, 182, 190, 200, 214, 215, 217, 218, 219, 224
edition Herter   9
Eichler, Martin   114, 147, 176, 188
Fabich, Kathi   204
Fabritius, Helmut   22, 130, 133, 157, 159, 187, 189
Fischer, Emil   27, 36, 71, 125, 144, 146, 154, 202, 203, 205
Fischer, Josef   38, 40, 41, 42, 134
Frank, Hans   100, 194
Gauss, Paul   99
Groth-Schmachtenberger, Erika   39, 67, 78, 79, 90, 92, 94, 104, 111, 115, 116, 118, 120, 121, 122, 138, 148
Grund   161
Gust   213
Henning, Maria   112
Kaiser   65
Kapp, Michael   54, 55, 57, 123, 124, 132
Kleisch, Gertrud   199
Klima, Helmut   196
Knall, Dieter   4, 11, 20, 87, 110, 192, 216, 223

Krafft, Karl Ernst   82, 84, 137, 153
Lechner, R.   13
Lehnhartz   25, 155
Miklusch, Albert   139
Netoliczka, Oskar   7, 9, 33, 96, 150, 151
Ockhardt, Heinz   48
Orendt, Misch   19, 37, 68, 95, 183, 184
Pastior, Oskar   44, 142, 162, 163, 173, 177, 178
Purper, L.   14, 15, 47, 53, 80, 81
Rembrandt (Atelier)   140
Retzlaff, Hans   43, 75, 77, 83, 127, 145
Schiel, Annemarie   28, 29, 30, 31, 32, 34, 35, 61, 62, 63, 174, 175
Schorsten, Andreas   197
Schüßel, Manfred   12, 23, 24, 101, 156, 198, 221, 222
Sedler, Werner   185, 186, 220
Treiber-Netoliczka, Luise   70
Tschira, Willy   45
unbekannt   6, 21, 26, 46, 49, 50, 51, 58, 59, 64, 66, 69, 74, 76, 85, 86, 88, 89, 91, 93, 97, 98, 102, 103, 105, 106, 107, 108, 109, 113, 126, 128, 129, 131, 136, 141, 149, 169, 164, 165, 166, 167, 168, 169, 170, 171, 172, 179, 180, 191, 193, 201, 206, 207, 208
Wächter, Hans   158
Wehner   17
Weizinger   10, 117
Wilk, Herta   60, 135
Wolff, E.   52, 152

Bei der Beschaffung des Bildmaterials sind wir zu besonderem Dank dem Bundesarchiv in Koblenz und dem Siebenbürgischen Fotoarchiv in Gundelsheim am Neckar verpflichtet; ebenso den vielen privaten Leihgebern.

SACH- UND ORTSREGISTER

Die Ziffern beziehen sich auf die Textseiten, die *kursiv* gesetzten auf die Abbildungsnummern.

Abendmahl 45, 114, 156, *145, 204*
Ackerbauschule 13, 118, *140*
Adelsboden 11, 13
Adjuvanten, s. a. Blasmusik(kapelle) 45, 47, 115, 144, 147, 160 f., *106, 131, 132, 133*
Agnetheln 8, 14, 144, *147*, 160, *161, 162, 163*
Almerei 35, *41, 42, 43*
Almesch (-trinken) 45, 158, *205*
Alt 8, 149, *189*
Altar 117, 147, 160, *146, 193*
Altes Land 149, *189*
Altknecht 114, 117, *152, 153*
Altmagd 117, 149, *125, 152, 153*
Altschaft 144, *147*
Alzen 157, *183, 184, 185, 186*
Amtfrau (Hebamme) 153 f.
Amtleute 114
Andingen (der Hirten) 37
Andreastag (30. 11.) 47
Andreas II., König 11
Angerdorf 14
Annatag (26. 7.) 151
Arkeden 11, *97*
Arzt 160, *115, 116*
Aufgebot 158, *205*
Ausgrüßen 160
Aussiedler 12, 114
Aussteuer 35, *37, 57, 119, 126*

Baaßen 150, *110*
Baaßener Schwein 42, *112*
Backofen 32 f., 41, 47, *40, 104*
Banderium (Reitergruppe) 117, *187*
Bandweben *69*
Bartholomäus (24. 8.) 47
Bauern(flieh)burg 11, *15*
Beerdigung 114 f., 160 f., *123, 124, 135, 220, 223*
Bekokten 150
Bergamt 46, *105*
Besenbinder 42, *73*
Besprizen (»Begießen«) 148, *173*
Betstunde (kirchl. Verlobung) 158
Bett 34, 36 f., *27*
 -wäsche 43 f., *56, 61, 62, 71, 217*
Billak 37
Birthälm 116, *3, 105, 106, 108, 109*
Bischof 114 ff., *2*
Bistritz 8, 11, 13, 32, 35, 47, 116, 118, 148, *117, 118, 121, 140*
Bittknecht (»Lader«) 158, *205*

Blasius (»Blasi«, 3. 2.) 144
Blasmusik(kapelle) 115, 118, 151, *131, 154*
Blumen 43, 47, 114, *115, 116, 159*
 -garten 32
 -krone *185, 186*
 -sträußchen 43, 117, 154, 157 f., *32, 148, 149, 214*
Bockeln 43, *142*
Böttcher 47
Borten 114, 156, *136, 203*
Botsch *194*
Bräutigam 48, 160, *211, 212, 213*
Braller 144, *150*
Braut 158, 160, *205, 213*
Brautleute (-paar) 158, 160, *214, 215*
Brautschau 44, *125*
Brauttruhe 48, *41*
Breche(l) 66, 68
Broos 8
Brot 31, 34, 38, 43, 47, 160, *46, 86, 91, 198*
 -backen 43, 47, *46, 104, 206*
Bruderschaft 38, 45, 114 f., 148 f., 157, 160, *136, 144, 160*
Brunnen 113, *4*
 -fest (Rinnenfest) 38
Büffel 32, 37 f., 48, *87, 95, 113, 120*
Bulkesch 38, 41 f.
Burgberg 34
Burghüter(in) 42, *102*
Burzenland 11, 33, 35, 118, 152, *7, 9, 112, 140, 150*

Chor 115, 118, 151, *131, 156, 193*
Christbaum 151 f., *196*
Corund 36

Deportation 12
Deutsch-Weißkirch 149, *21, 56, 63, 91, 93, 131, 151, 153, 181, 182*
Deutsch-Zepling 149, *179, 180*
Deutsche Volksgruppe in Rumänien 116
Deutscher (Ritter)Orden 11, *7*
Deutschland 12, 115, 150, 152
Dinkel 38, *95, 107*
Donau 8
Dorfanlage 14, *12, 13*
Dorfbrunnen 44, *47, 48, 49*
Dorfplatz *152, 153, 157*
Draas *29, 35*
Dreifelderwirtschaft 13 f., *91*
Dreizehndörfer 152 f.
Dreschen 38, *95*

Ei, s. a. Osterei 147 f., *115, 116*
Eier, geschriebene 147, *171*
Eiertschoken 148, *173*
Eier(wett)lauf 148
Eigen-Landrecht 13, 45
Eingrüßen 148, 154, 157
Einladung (der Hochzeitsgäste) 158, *205*
Einrichtungsgegenstände 33 f.
Einsegnung 154, *202, 218, 219*
Einsitzen 153, *202*
Empore 158, *144, 147, 156, 193*
Emporenmalerei 32
Enteignung 13, 118, *141*
Ernte 13, 37 f., 41, 48, 150, *88, 89, 96, 137, 138*
 -dankfest 151
 -kindergarten 42, *137, 138*
Europa 36, 41, 118, *139, 179, 180*
Evang. Allgem. Frauenverein 115, *141*

Färben (»Gelfen« der Eier) 147
Fahne *130, 134, 147, 169, 179, 180, 211, 212*
Familienleben 33, 45
Fasching 143 f., 147
Faßbinder 42
Faßbinderzunft *162, 163*
Fastnacht (»Fuesndich«) 143 f., *187*
Fastnachtsräder 147
Federvieh *115, 116, 209*
Feldarbeit 36 ff., 41 ff., 114, *45, 74, 75, 76, 82, 90*
Feldbrunnen 38, 114
Feldhüter 37
Feldwiege (»Tschok«) 35, *76, 80, 81, 82*
Fluchtwohnung 9
Flurbereinigung (Kommassation) 13, *91*
Flurverfassung 14
Flurzersplitterung (-zerbisselung) 13, *91*
Flurzwang 13, 38, *91*
Fortbildungsschule 13
Frauendorf 8, *84, 133, 159*
Freiwillige Feuerwehr 45, 115, *129, 130*
Freundschaft 157, *213*
Friedhof 151, *161*
Fruchtkasten 32
Frühlingskrone 149, *183, 184*

Gaben 160, *216, 217*
Gallustag (16. 10.) 41, 46, *105*
Gansabreiten 144, 148
Garten(anlage) 12
 -arbeit 37

213

Gassentür(chen) 31, *19*
Gebotener Irtentanz (verpflichtender Ehrentanz) 114
Geburt 113, 153 f., *148*
Gedenkfahne (Andenken-) *221, 222*
Gegenreformation 12
Gemarkung 13 f.
Gemeindebrennzeichen 37
Gemeindediener 37
Gemeindehaus (»Saal«) 14, 113, 117, 151
Gemeinschaftsarbeiten 114
Gemeinschaftseigentum 13
Gemüse 47, *115, 116*
   -anbau 42
   -garten 32
Georgentag (24. 4.) 37
»Gepäschken«tanz *159*
Gerberei 14
Gereihsel *59*
Geschirr 33, 35
Gestühl 117, *144*
Gevatterbitten 153, *197*
Gevatterschaft 154
Gewerbeverein 115
Gewohnheitsrecht 113
Géza (Geisa) II., König 11
Giebel 31, *12, 19, 21, 22, 23*
Girelsau *215, 217, 218*
Gode 154
Goldener Freibrief 11, 13
Gottesdienst 114, 117, 147, 151, 154, *132, 143, 144, 146, 151, 156, 193, 200*
Gregorius (»Gligori«, 9. 5.) 149, *185, 186*
Großalisch 147, *52*
Großau 11, 48, *46, 125*
Große Kokel 46, 152, *105*
Großer Ring 122
Großkopisch 48, 147 f.
Großpold 11, 48
Großschenk 8, 144, *5*
Großscheuern 143, 150, *85, 146, 191, 199*
Gustav-Adolf-Verein 115
Gute Stube 32 ff., 37, 160, *27, 36, 39, 41, 43, 142*

Habsburger 8, 11
Hackfrucht 118, *80*
Häkeln *56, 60*
Hafer(ernte) 38, 42, *92, 94, 95*
Haferland (geogr.) 8, 157
Hafner 36
Hahnbach 149
Hahnenschießen 148, *177*
Halvelagen 148, 151, *49*
Hamlesch 12
Handarbeiten 44, *37, 56*
Handwerker (Dorf-, Land-) 12, 14, 35, 42, *72, 119*
Hanf(arbeiten) 36, 38, 44, *64, 65, 66, 67, 68, 71, 108*
Hanklich 43, 151, *206, 207, 208*

Hann *144*
Harbachgebiet 8
Harbachtal 149, 152, 157, *183, 184*
Hattert (Gemeindegebiet) 38
   -grenze 117
Haufendorf 14
Haus (für Wirtschaftsraum) 31 ff.
   -arbeit 36
   -bank 37, 41, *19*
   -bau 113, *128*
   -garten 42
   -haltsschule *141*
   -textilien 35, *27*
Hechel 36
Heftel 137, *215*
Heldsdorf 147, 153
Heltau 14, *123, 124*
Henndorf 35
Hermannstadt 8, 11 ff., 35, 48, 114 ff., *118, 153, 28, 42, 114, 115, 116, 119, 120, 122, 134, 140, 196*
Hermannstädter Gegend 152
Hermannstädter Provinz 11
Hetzeldorf 47, 147, 151, *87*
Heu(ernte) 32, 37 f., *83, 84*
Hirte 37, *110*
Hochzeit 43, 45, 48, 113 ff., 144, 154, 157 f., 160, *6, 205, 206, 208, 210, 213, 214*
Hochzeitsgesellschaft 160, *213, 217*
Hochzeitshaus 160, *132, 209, 211, 212*
Hochzeitsmahl (-essen) 160, *209, 218, 219*
Hochzeitsmutter 158, *209*
Hochzeitstruhe 35
Hochzeitsvater 158
Hoftyp, fränkischer 32, *12*
Hohes Bett (Paradebett) 33 f., 36, *37, 38, 39*
Holzmengen 10
Honigberg *9, 13*
Honterus, Johannes 115 f.
Hutmacher 47

Industrialisierung 13, 118

Jaad *40, 41, 193, 202*
Jablunkapaß 11
Jagdverein 115
Jakobsdorf *147*
Johannis (24. 6.) 149
   -blume 150
   -fest 38, 149 f.
   -krone, s. a. Kronenfest 114
Josef II., Kaiser 11
Jugend 114, 117, 147, 151, 157, *152, 153, 155, 173*
Jungfrauentag 160, *218, 219*

Kachelofen 34, *27, 40*
Kammer 32 f., 34
Kantor 118, 160
Kappennarr *167, 168, 169*
Karpaten 8, 45, *110*

Kartoffeln 38, 42 f., *80*
Katharinentag (25. 11.) 151, 157
Katzendorf 11, 32, 68
Keisd 11, 148, *15, 35, 164, 165, 166, 167, 168, 170, 223*
Keisder Bach *64*
Keller 31, 33, 41 *25, 104*
Kelter(n) 32, 47
Keramik 31, *28-31, 35*
   -kanne 36, *28-31*
   -krug (-krügel) 34 ff., *28-31, 33, 36, 37, 38, 39, 42*
   -schüssel 36, *28-31, 33, 36*
   -teller 34 ff., *28-31, 33, 36, 37, 39*
Kerz 150, *188, 206*
Kind 42, 47, 116 f., 151, 153 f., 161, *45, 76, 80, 108, 137, 138, 173*
Kinderball 144
Kindergarten *137*
Kindheit 154, *204*
Kirchberg 30
Kirche 12, 14, 45, 115 ff., 151, 156, 158, *32, 144, 214, 221*
Kirchenburg 11, 14, 32, 35, 42, 116 f., *2, 3, 5, 8, 11, 12, 13, 15, 17, 96, 97, 101, 137, 150*
Kirchenpelz 35, 114, 156, *214*
Kirchentracht 158, *143, 149, 176, 202*
Kirchenvater 145
Kirchenvisitation 114, 117
Kirchgang 34, 43, 114, 117, 149, 151, *43, 142, 143, 148, 150*
Kirchweihfest 150
Klausenburg 13
Kleinbistritz 147
Kleine Kokel 46, *105*
Kleine Walachei 12
Kleiner Ring 122
Kleinschelken *189, 216*
Kleinscheuern *2, 3, 154, 222*
Knecht (konfirmierter Bursch) 114, 117, 161, *125*
   -vater *136, 166, 169*
Kochen 36
Kochkurs 43
»Koches« (provisor. Kochhaus) 158, *210*
Kochesfrauen (Köchinnen) 155, 160, *209*
Königinnentanz 149, *181, 182*
Königsboden 11 ff., 32, 116
Königsrichter 11
Kokel 8, 31, 149, 153, *49, 52, 189*
   -gebiet 46
   -tal *45, 83*
Kokelburg 47
Kolonisten 12
Komitatsboden 11
Konfirmation 147, 154, 156 f., *56, 150, 203, 204*
Korbflechter (-macher) 42, 47, *72*
Korn 38, *88, 89, 95*
   -kammer *96, 97*
   -kiste *97*
   -speicher 37

214

Kräutergarten 32
Kranzabreiten 149, *179*, *180*
Kraut (»Kampest«) 31, 41 f., 43, 144, *100*
  -garten 32, *100*
Kronenfest 149 f., 188, *189*, *190*, *191*, *192*
Kronstadt 11, 13, 114 f., 152, *7*, *15*
Kronstädter Allgemeine Sparkasse 115
Küche 34, 41
Küfer *162*, *163*
Kürschen *145*
Kürschner 47
Kürschnerzunft *162*, *163*
Kuh 32, 37, 48

Ladenforttragen 144, *166*, *169*
Landeskundeverein 115
Landl 11
Landlergemeinden 48
Landwirtschaftsschule *140*
Laube 31, 33, *20*, *25*, *26*
Leblang 150
Lechnitz 48, 67, 78, *79*, *90*, *92*, *94*, 148
Lehrer(-in) 37, 116 ff., 151, 154, *156*
Lehrerbildungsanstalt 118
Leichentäfelchen 160
Leichenvater 161
Leschkirch 8, 149, *23*, *24*, *58*, *156*
Leuchter(chen; »Lichtert«) 151 f., *194*, *195*, *196*
Lutherofer 34, *27*
Luxemburg 11

Mägdetanz 143
Mähen 38
Magarei *88*, *89*, *207*, *208*
Magd (konfirmiertes Mädchen) 114, 117, 161
Mahl(zeit) 36 ff.
Maien (Maibaum) 149, 157
Mais (Kukuruz, Türkisch Korn) 32, 36, 41, 86, *98*, *112*
  -brei (Palukes) 38, 43, *46*, *110*
  -ernte 41, *86*, *87*
  -korb 32, 41, *99*
  -stroh 41, 47
  -strohflechten *53*
Maische 41, *106*
Maldorf 148
Maniersch 38, 46, 154
Mariatag (2. 2.) 143
Marienburg 11, 13, 118, *7*, *140*
Markt 35, 37, 42, 48, *54*, *55*, *115*, *116*, *119*, *122*
– Jahrmarkt 35, 47 f.
– Wochenmarkt 46 ff., *117*, *118*, *119*, *120*, *121*, *122*
– Viehmarkt 48
Marktschelken *99*
Marpod 144, 158, *221*
Martini (11. 11.) 44
Martinsdorf *82*

Matthias Corvinus, König 11
Mediasch 8, 13, 35, 45, 47, 115, 118, *109*, *140*, *141*
Mediascher Bezirk 153
Mediascher Stuhl 11
Mergeln 144
Meschen *16*, *98*, *101*, *224*
Meschendorf 117, 150, *102*, *103*
Mettersdorf 147, 153
Michaelstag (29. 9.) 151
Michelsberg 6, 27, *72*, *134*, *187*
Michelsberger Burg 6
Michelsberger Strohhütte *54*, *55*, *74*
Mieresch 8
Milch *110*, *113*
  -produkte 47, 115, *116*
Mist 32, 37, 46
Möbel 33 ff., 48, *32*
  -erzeugnisse 35
  -malerei 35, 117
Moldau 12 f.
Mortesdorf *18*
Mosel 11, 45
  -franken 45, *105*
Most 47, *104*
  -»zurpen« (-schlürfen) *108*
Mühlbach 8, 13, 144
Müller 13, 42

Nachbar 13, 37, 41, 113 f., *63*, *95*, *123*, *124*, *142*
  -schaft 33, 42, 45, 113 ff., 154, 161, *106*, *123*, *124*, *128*, *129*, *220*
  -schaftsartikel 113, *169*, *220*
  -schaftshilfe 13
  -schaftslade 113, 160, *169*, *187*
  -schaftsvater (-hann) 113 f., 161
  -schaftszeichen (-täfelchen) 113, *123*, *124*
Nachhochzeit 160, *218*, *219*
Nachtwächter 37
Nähkurs *141*
Namenstag 151
Nationalitäten 12
Nationen 12
Nationsuniversität 11, 45, 116, 118
Neppendorf 11, 48, 148, *114*, *196*
Neujahr 143 f., 154
Neustadt 144, 147
Nösen 147, *171*
Nösner Gebiet 152
Nösnerland 8, 11 f., 117
Nogat *7*
Nordrhein-Westfalen 12
Nordsiebenbürgen 12, 33, 45, 48, 147, 151, 153, *25*, *40*, *132*, *136*, *174*, *175*, *194*

Oberneudorf 144, 158
Oberösterreich 11
Obst 32, 41, 47, 118, *104*, *115*, *116*
Ochs 32, 37, 48, 118, *52*
Österreich 8, 12, 150, 152

Österreich-Ungarn 12 f., 48
Ofentuch 36, *27*
Orgel 117, *144*, *193*
Ortsamt 13
Osterei *172*, *174*, *175*
Ostern 147 f., 152, *110*, *147*, *176*, *178*
Ostkarpaten 8
Ostkolonisation 11

Palmsonntag 147 f., 156, *204*
Pate/Patin 143, 154, 156
Patenkinder 147
Pelzkleidung 34
Peter und Paul (29. 6.) 149
Pfarrer 37, 113 f., 116 f., 147 f., 151, 154, 158, 161, *145*, *146*, *156*, *202*, *204*, *205*, *215*
  -einsetzung 117, *187*
Pfarrhof 117, 147, *2*, *3*, *154*
Pferd 32, 37, 48, *95*
Pfingsten 147 ff., 152, *110*, *147*, *176*
Pfingstkönig(-in) 114, 149, *179*, *180*, *181*, *182*, *183*, *184*, *185*, *186*
Pfingstkönigsfest *183*, *184*
Pfingstkrone 149 f.
Pflügen 37, *77*, *78*, *79*
Pintak *130*
Polster (Kissen) 34, 36, *27*, *37*
Polterabend (»Scheiwen-Owent«) 158
Predigt 117, 148
Presbyterium 113, 117
Pretai 113, *17*, *65*, *66*, *192*
Probstdorf 150
Pruden 143, 148

Quempas-Singen 152

Radbrunnen *17*
Raiffeisengenossenschaft 45
Raiffeisenverein 115
Reener Ländchen 8, 12, 152
Reformation 12, 115, 152
Reformationsfest 151
Reihen (»Roan«, feststehende Ordnung beim Tanzen) 149, *181*, *182*
Reps 8, 11, *15*
Repser Gegend (Gebiet) 35, 149, 153, 157, *32*, *112*
Reußdörfchen *203*
Reußen *198*
Reußmarkt 8, 32, *73*, *195*, *204*
Rhein 11
Richttag (auch Sittag) 113, 143, *123*, *124*
Rocken 44
  -stube (Rokestuf) 44, 114, *37*, *126*, *127*
Rode 45, 159, *14*, *47*, *53*, *80*, *81*, *149*, *214*
Rößchentanz 160, *164*, *165*, *166*, *167*, *170*
Roseln *137*
Rosenau 11, *15*, *95*
Roth, Stephan Ludwig *128*
Rothbach 144, 147
Rumänien 12, 118

215

Sachsenheim (bei Stuttgart) 144, *158, 194*
Sachsengraf 11
Sächsisch-Regen *117*
Säen 37, 41
Säugling 154, *82, 197*
Salzburg/Österreich 100, *194*
Samosch 8
Sebastian-Hann-Verein 35
Seiburg 143, 149, *181, 182*
Seiden 47, 143
Seiler 42, 47
Selbstverwaltung 114
Senndorf 38, 150, *26, 129, 136*
Sense 37 f., *88, 89*
Sichel 37 f., *88, 89, 95*
Siebenbürgen, Fürstentum 11
Siebenbürgische Ware 28–31
Siebenbürg.-sächs. Landwirtschaftsverein 13, 45, 115, 118
Sitzordnung 117, 157, *203*
Sommerküche (»Backes«) 32 f., 36 f., *206*
Sonntag 117, 154, *155*
Sonntagstanz *152, 153, 154*
Spangengürtel 215
Speck 38, 42, 47, *11, 91, 101, 102, 103, 112*
 -turm 42, *11, 101, 102*
 -zeichen 42, *103*
Spindel 36
Spinnen 38, 44, *63, 126*
Spinnrad 26, *127*
Spinnrocken 36, 149, 160
Spinnstube 37, 144, *125*
Spulrad 36, *70*
Südkarpaten 8, *6, 110*
Südsiebenbürgen 12, 31, 33, 35, *21–23*
Susannatag (19. 2.) 151
Szekler 11, 35, *117*
Szeklerzipfel 12
Schaas 148
Schablonenmalerei 33
Schäßburg 8, 13, 35, 114, 116, 118, 153, *141*
Schaf 37, *110*
Scharosch 150
Schelker Stuhl 11
Schenker Bezirk 153
Schenker Gegend 160
Scheune 31 f., 37, 41, *12, 20*
Schirkanyen *139*
Schlachten 41 f., 151
Schlatt *50, 51*
Schmied 14, 42
Schnaps 41, 47, *104, 108*
Schneider 42, 47
Schneiderzunft *162, 163, 166*
Schönau *19, 210*
Schönberg *4, 5*
Schreiner 35
Schreinermalerei 117, *147*
Schüsselkasten 34
Schüsselkorb (-rahmen) 34
Schule 12, 14, 45, 114 ff., *139*

Schulkind 117 f., *137, 144, 152, 153, 193*
Schulpflicht 116
Schuppen 32
Schuster 42, 47
Schusterzunft *162, 163*
Schwein 32, 37 f., 42, 48, 118, *112*
Schwesterschaft 114, 149, 157, 160, *134, 135, 136, 144*

St. Georgen 158
Stall (Stallung) 31 f., 42, *9*
Stein 149, *181, 182*
Stephan (17. 8.) 47
Sticken 36, 44, *57, 61*
Stickmuster *40*
Stickrahmen *58*
Stolzenburg 34, 36, 48, *44, 45, 126, 142, 143, 176, 203*
Straßendorf 14
Stroh 32, 36, 38, 41
 -flechten *54, 55*
 -hut *54, 55, 90, 121*
Stube 31 f., *34*

Talmesch 148, 150, *203*
Tamburieren *60*
Tanz 114, 117, 143 f., 150, 152, 161, *152, 153, 154, 155, 181, 182, 191, 192*
Tartlau 13, 39, 60, 96, *135, 150*
Taufe 113, 154, *197, 199, 200, 201*
Tenne 31, 41
Textilien 31, 36
Theaterverein 115, *131*
Theiß 11
Tisch 33, *36, 37, 38*
 -ordnung 36
 -tuch 36, *37, 71*
 -wäsche 43 f., *56, 61, 62, 217*
Tischler 35, 42, 47
Töpfer 36, 47
 -zunft 28–31
Tor (Hof) 31, 37, *12, 19, 211, 212*
Totenfeier 113, 160 f.
Tracht 31, 37, 41, *59, 61, 62, 136, 142, 159*
Trauung 158, *206, 209, 215, 217*
Treppen 43, *75, 127, 201, 205*
Truhe 32 ff., *32, 41*
Tschippendorf 153 f., *158*
Türkengefahr 14
Turner 115, *132*
Turnverein 115, *131*

Ungarn 12 f., 31, 35, 118, *117*
Unterwald 8, 35, 45, 152, *42, 71*
Urwegen 38, 41, 47, 143, 147, 151, *22, 25, 36, 42, 71, 132, 145, 155, 157, 197, 214*
Urzelnlauf 144, *158, 160, 161, 162, 163*

Vereine 12, 115, *129*
Vereinstage 115
Verlobung (»Brokt machen«) 45, *158, 205*

Verschleppung 151
Versöhnabend 114, 154, *204*
Vieh 37, 46 ff., *111*
 -(brand)zeichen 37, 42, *103*
 -herde 37, *113*
 -tränke 32, 37, 47, *111*
 -zucht 118
Volkskirche 115 f.
Vorratskammer 8, *9, 13*
Vorratswirtschaft 42, *104*

Wäsche 42 ff., *49, 50, 51, 52*
Wagner 14, 42, 47
Walachei, Fürstentum 13
Waldhütten 20, *86*
Wallendorf 69, *112*
Wandbehang 36, *27, 37*
Weben 36, 38, 44, *38, 70, 71*
Webgatter 69
Webstuhl 36, 44, *38, 70*
Wehrkirche 35, *2, 8*
Weidenbach *213*
Weihnachten 147, 151 f.
Weihnachtsleuchter (»Lichtert«) 151 f., *193*
Weilau 154, *177*
Weilersiedlung 14
Wein 32, 45 ff., 160, *20, 105–109, 131*
Weinberg 45 ff., 114, *80, 107*
Weinbergarbeiten 37, 45 ff., *105–109*
Weingartenhüter 46
Weinland (geogr.) 8, 45, 118, *20, 105*
Weiterbildung *139, 141*
Weizen 38, 43, *88, 89*
Windau 118, 143, 147 f., 151 f., 154, 161, *104, 111, 138, 171, 177*
Winterschule 140
Winz 11
Wirtel 36, *125, 127*
Wirtschaftsgebäude 31, *20*
Wohnhaus 31 f., *33*
Wohnraum 31 f., 42, *9*
Wohnstube 33, 37
Wortemachen 115, *153, 159*
Wortmann 153, 158, 160
Wurmloch 36, 143, *190, 200, 214, 219*

Zeiden 37
Zekeschgebiet 144
Zendersch 143, *144*
Zibin 48, 114, *122*
Zied 144, *220*
Ziegelbrennen *128*
Ziehbrunnen 32, 47, 48
Zigeuner 13, 47 f., *158, 117*
Zips 11
Zuckmantel 152, *209*
Zugang (monatl. Zusammenkünfte) 114, 148, 157
Zunft 14, 114 f., 144, *162, 163*
Zunftlade 144, *160*
Zwiebel 38, 43, 47, *91, 100*